Kleinkinderturnen ganz groß

Herausgeber:

**Deutsche
Turnerjugend
DTB**

Gisela Stein

Kleinkinderturnen ganz groß

**Drei- bis siebenjährige Kinder
erleben Bewegung und Spiel
in Verein, Grundschule
und Kindergarten**

Meyer & Meyer Verlag

Die Deutsche Bibliothek – CIP-Einheitsaufnahme

Stein, Gisela:
Kleinkinderturnen ganz gross : drei- bis siebenjährige Kinder erleben Bewegung
und Spiel in Verein, Grundschule und Kindergarten / Gisela Stein.
[Hrsg. Deutsche Turnerjugend].
– 6., unveränd. Aufl.
– Aachen : Meyer und Meyer, 2000
ISBN 3-89124-171-2

© 1994 by Meyer & Meyer Verlag, Aachen
Olten (CH), Wien, Oxford, Québec, Lansing/ Michigan, Adelaide,
Auckland, Johannesburg, Budapest
6. Auflage 2000
Herausgeber: Deutsche Turnerjugend, 60528 Frankfurt/Main
An der Entwicklung des Ausbildungskonzepts der Deutschen Turnerjugend
„Kleinkinderturnen ganz groß" waren beteiligt:
Gabi Dannhauer, Dagmar Frenser, Silke Gebhardt, Günter Kaufmann,
Heide Lindner, Christa Nöthen, Gisela Stein
Titelfoto: Marita Neuser, 57234 Wilnsdorf
Fotos: Helga Hofmann, Marita Neuser, Gisela Stein
Illustrationen und Zeichnungen: Silke Mehler, 48155 Münster
Satz:Times
Druck: Burg Verlag Gastinger GmbH, Stolberg
Printed in Germany
ISBN 3-89124-171-2
E-Mail: verlag@meyer-meyer-sports.com

Inhalt

Liebe Leserinnen, liebe Leser,

Das Turnen und Spielen mit Kindern im Alter von drei bis ca. sieben Jahren ist traditionell in der Deutschen Turnerjugend angesiedelt und wird dort mit großer Fachkompetenz vertreten. In ihrer konzeptionellen Aussage formuliert die Deutsche Turnerjugend den Anspruch, daß Kinderturnen sich an den Bedürfnissen, Interessen und Fähigkeiten sowie an den konkreten Lebensbedingungen der Kinder orientieren soll. In ihren Turnstunden sollen sie die Möglichkeit erhalten, sich mit sich selbst, ihrer materialen und sozialen Umwelt auseinanderzusetzen. Damit leistet Kinderturnen einen Beitrag zur Persönlichkeitsentwicklung der Kinder.

Kinderturnen ist vielseitig. Es ist sportartübergreifend angelegt und schließt auch außersportliche freizeitkulturelle Angebote mit ein. Das hier vorliegende Buch „Kleinkinderturnen ganz groß" orientiert sich an dieser Aussage und bietet den Übungsleiterinnen Handreichung und Hilfe bei ihrer Arbeit mit den ihnen anvertrauten Kindern an. Die Vielfalt und Vielseitigkeit des Kleinkinderturnens wird in den Kapiteln Bewegungsgeschichten, Verwendung von Kleingeräten und Alltagsmaterialien, Turnen an und mit Großgeräten, Kleine Spiele, Wahrnehmungsspiele, Singen und Tanzen und attraktiven Aktionen deutlich.

Aber nicht nur in den Turn- und Sportvereinen werden Bewegungsangebote für Kinder gemacht, auch in Kindergärten und Grundschulen gehören Spielen und Turnen zum wöchentlichen „Stundenplan". Die praktischen Inhalte dieses Buches haben also dort die gleiche, ja fast eine noch größere Bedeutung, weil den Lehrerinnen und Erzieherinnen mehr Zeit für gezielte Bewegungsangebote zur Verfügung steht.

Leider ist es unbestrittene Tatsache, daß die Kindergruppen und Schulklassen im Vor- und Grundschulalter vorwiegend von Übungsleiterinnen, Lehrerinnen und Erzieherinnen geleitet werden. Deshalb wird in diesem Buch durchgehend die weibliche Anrede benutzt, dies bedeutet natürlich nicht, daß Übungsleiter, Lehrer und Erzieher weniger willkommen sind, sie mögen sich auch bei dieser Anrede herzlich angesprochen fühlen.

Wilnsdorf, im Dezember 1993   Gisela Stein

Kleinkinderturnen ganz groß

Philipp ist 4 Jahre alt und geht schon seit einiger Zeit zum Kleinkinderturnen in den nahegelegenen Turnverein. Er ist eines von 413.000 Kindern bis 7 Jahren im Deutschen Turner-Bund, die Woche für Woche mit großer Begeisterung in die Turnhalle stiefeln, um dort gemeinsam mit anderen Jungen und Mädchen fröhlich und ungezwungen Bewegungserfahrungen zu sammeln. Er hat Glück gehabt, denn die Übungsleiterin seiner Gruppe ist mit dem ganzen Herzen bei der Sache und versucht immer wieder aufs Neue mit fachlicher und pädagogischer Kompetenz, für die Kinder ein Angebot zu machen, das sie gezielt in ihrer Persönlichkeitsentwicklung unterstützt.

Wenn Kleinkinderturnen den Kindern Spaß machen soll, sie sich wohl fühlen und in ihrer Persönlichkeitsentwicklung unterstützt werden sollen, so ist es wichtig zu wissen, wie ein Kind denkt und fühlt, wie es Informationen aufnehmen und verarbeiten kann und welche elementaren Bedürfnisse zu berücksichtigen sind, um eine gesunde Entwicklung zu ermöglichen.

Ein Kleinkind ist vom Aufwachen bis zum Schlafengehen fast ständig in Bewegung; es tobt herum, klettert, hüpft und rennt, es entdeckt dabei pausenlos neue und interessante Dinge, die für Erwachsene oft selbstverständlich sind. Andererseits kann es sich auch plötzlich zurückziehen, sich in einer Höhle verkriechen oder die Nähe eines vertrauten Erwachsenen suchen, auf dessen Schoß klettern und sich anschmiegen.

Dies ist seine spezifische Art und Weise, die Dinge seiner Umwelt zu entdecken, zu erschließen und daraus wichtige Erkenntnisse zu ziehen. Jeder Schritt weiter nach vorn bringt für das Kind die Erweiterung seines Wissens, der Kontakt mit neuen Materialien oder Menschen ermöglicht ihm neue Erfahrungen und treibt seine Entwicklung voran.

> „Dabei ist das ganze Kind beteiligt, denn die Entwicklung des Kindes ist ein **ganzheitlicher Prozeß,** an dem Fühlen und Denken, Wahrnehmen und sich Bewegen beteiligt sind." (Zimmer, 1989)

Kinder lernen anders

Kinder sind keine kleinen Erwachsenen. Sie müssen und wollen sich die Beschaffenheit der Welt erst durch eigenes Erkunden und Probieren aneignen. Es nützt im Vorschulalter wenig, wenn man den Kindern die Welt erklärt, sie müssen sie durch Bewegung und Wahrnehmung, durch konkrete Tätigkeit selbst erfahren.

Der Schweizer Entwicklungspsychologe PIAGET sieht die Art und Weise, in der sich das Kind von seiner Geburt an mit seiner Umwelt auseinandersetzt, als *Interaktionsprozeß*. Dieser Prozeß vollzieht sich auf zwei unterschiedlichen Wegen:

Zum einen paßt das Kind seine bisher gemachten Erfahrungen neuen Situationen an (**Assimilation**). Dies geschieht vor allem in offenen Bewegungssituationen, wo das Kind Gelegenheit hat, vertraute Denk- und Handlungsmuster in vielfältigen Situationen anzuwenden, eigene Ideen zu erproben und selbstgestellte Probleme zu bewältigen.

Andererseits paßt das Kind die Gegebenheiten der Umwelt seinen bisherigen Erfahrungen an (**Akkomodation**). In gelenkten, strukturierten Lernsituationen wird die Übertragung von schon Gekonntem auf neue Situationen in Gang gesetzt und dem Kind gezielt Hilfe zur Erweiterung des Bewegungsrepertoires gegeben.

Die Auseinandersetzung des Kindes mit der Beschaffenheit der Welt pendelt zwischen den Vorgängen der Assimilation und Akkomodation hin und her. Nichtgelingen und Unstimmigkeiten fordern es immer wieder zu neuer, besserer Abstimmung und Anpassung heraus.

Kindern im Vorschulalter unterlaufen entwicklungsbedingt „Denkfehler". So schreiben sie Gegenständen menschliche Eigenschaften zu oder glauben, Ereignisse durch eigene, damit nicht in Zusammenhang stehende Handlungen beeinflussen zu können (magisches Denken).

10

Auch das Unterhalten mit imaginären Wesen, z.B. einem Tiger, der herumkommandiert wird und der Dinge tun muß, vor dem das Kind Angst hat, ist entwicklungsbedingt und hat die Funktion, emotionale Konflikte zu verarbeiten. Die Erwachsenen sollten also dem Kind diese Figuren nicht ausreden, sondern sie so einsetzen, daß sie über Ängste hinweghelfen.

Kinder brauchen verständnisvolle Erwachsene

Für eine gesunde Persönlichkeitsentwicklung brauchen die Kinder Erwachsene, die...

- auf ihre Bewegungsbedürfnisse eingehen und ihnen Bewegungsgelegenheiten schaffen,
- sie vor körperlichen Gefahren und seelischen Verletzungen schützen,
- ihnen uneingeschränktes Verständnis entgegenbringen,
- sie um ihrer selbst willen annehmen und lieben,
- die Fähigkeiten und Fertigkeiten des einzelnen Kindes berücksichtigen,
- ihnen helfen, ihre Eigenschaften, Fertigkeiten und Gefühle für sich selbst akzeptieren zu lernen.

Zumindest einige, wenn nicht sogar alle Aspekte treffen auf die Übungsleiterinnen im Bereich des Kleinkinderturnens zu:

Kinder brauchen Möglichkeiten, um ihr Bewegungsbedürfnis ausleben zu können, eine anregende Umgebung, in der sie selbst Bewegungen ausprobieren und Spiele erfinden können, aber auch Gelegenheiten, um sich zurückziehen zu können. Selbstverständlich dürfen sie auch Fehler machen und Irrwege gehen, denn wenn ihnen kein Experimentierfeld und kein Entfaltungsspielraum eingeräumt wird, werden sie es irgendwann nicht mehr wagen, neue Situationen selbst zu erkunden.

Erfolgserlebnisse tragen dazu bei, daß sich Kinder mit mehr Freude und häufiger bewegen, folglich mehr Bewegungssicherheit entwickeln und daraus Selbstsicherheit und Selbstbewußtsein schöpfen können, sie helfen ihnen bei der Entwicklung ihrer Persönlichkeit.

Umgekehrt führen Bewegungsunsicherheit und das damit einhergehende eingeschränkte Selbstwertgefühl zur sozialen Ausgrenzung der Kinder unter den Spielkameraden. Wer nicht richtig mitspielen kann, zu ungeschickt oder zu langsam ist, der wird häufig vom gemeinsamen Spielgeschehen ausgeschlossen und kann zwangsläufig seine Defizite nicht aufarbeiten. Dadurch wird der Graben zwischen bewegungssicheren und -unsicheren Kindern immer breiter und das ungeschickte Kind durch mangelnde Übungsmöglichkeiten noch ungeschickter.

Dem Bedürfnis der Kinder nach Schutz und Sicherheit sollte nicht nur durch die Absicherung der Geräte und dem Vorbeugen gegen Verletzungen, sondern auch durch Rückzugsmöglichkeiten (Höhlen) und einem festen, immer wiederkehrenden Rahmen (Anfangskreis, Abschlußlied,...) Rechnung getragen werden. Ein Orientierungsrahmen im Ablauf einer Turnstunde hilft ihnen, sich sowohl räumlich als auch zeitlich in der Turnhalle zurechtzufinden.

Auch eine angenehme Gruppenatmosphäre, die von gegenseitigem Vertrauen, Toleranz und Ehrlichkeit geprägt ist, trägt dazu bei, daß Kinder sich sicher fühlen und Selbstvertrauen entwickeln können.

12

Vielfältige Bewegungsmöglichkeiten und -gelegenheiten sind also entscheidend, damit Kinder ihr Bewegungsbedürfnis befriedigen können und so eine gesunde körperliche, geistige, emotionale und soziale Entwicklung ermöglicht wird.

Wo aber finden die Kinder den Freiraum, in dem sie ungehindert toben, klettern, balancieren, kullern und experimentieren können?

Bewegungsräume? - Mangelware!

In unseren Städten werden die Bewegungsräume immer knapper, die Lobby für Kinder macht fast pausenlos Urlaub, denn Parkplätze und Straßen haben Vorrang vor Spielräumen und Spielplätzen. In den meisten Wohngegenden sind Bewegungsmöglichkeiten Mangelware, die Bewegungsräume werden immer weiter beschnitten.

Kleine, lärmempfindliche Wohnungen und flimmernde Mattscheiben, vor denen schon die Kleinsten, um sie ruhig zu halten oder aus Zeitmangel der Eltern „geparkt" werden, beschränken die spontane Lust auf Bewegung, zu lebendigem Spielen und Lernen auf ein Minimum.

Gibt es einen Ausweg?

Ja, denn in den Turnvereinen gibt es schon für die Allerkleinsten das Angebot, zusammen mit ihren Eltern in Eltern-Kind-Turngruppen Bewegung und Spiel miteinander zu erleben.

Hier wird nicht nur Sport getrieben, sondern es findet auch die erste Auseinandersetzung mit dem organisierten Sport statt. Unter fachkundiger Anleitung erfährt man Sicherheit und Geborgenheit in einer größeren Gruppe und erhält darüber hinaus Anregungen für Bewegung, Sport und Spiel zu Hause und in der Freizeit. An der Hand von Mutter oder Vater ist es für die Kleinen nicht mehr so schwer, mit all den vielen fremden Eltern und Kindern erste Kontakte zu knüpfen. Mit zunehmender Vertrautheit in der Gruppe lockert sich allmählich die enge Bindung an die Eltern und es entwickelt sich ein vertrauensvolles Miteinander.

Eltern und Kinder, die es genießen, Zeit für einander und für gemeinsame Bewegungserlebnisse zu haben, werden diese Gruppe wohl bis zur Einschulung der Kinder nicht verlassen. Für die anderen Jungen und Mädchen, die gern schon mit 4 Jahren auf eigenen Füßen stehen möchten, bieten die meisten Turnvereine das Kleinkinderturnen an.

Oft ist es die gleiche Übungsleiterin, die auch für das Eltern-Kind-Turnen zuständig war, die hier mit den Kindern turnt und spielt und ihnen den Übergang vom behüteten Eltern-Kind-Turnen zum Selbständigwerden in der Kleinkinderturngruppe erleichtert.

Aber Eltern-Kind-Gruppen existieren nicht in allen Vereinen und so bedeutet für viele Kinder der Eintritt in die Kleinkinderturngruppe einen Schritt ins Unbekannte. Das Kind verläßt die Überschaubarkeit seines Zuhauses und tauscht sie, wenn auch nur für kurze Zeit, gegen eine große Halle mit vielen fremden Kindern und einer unbekannten Übungsleiterin als Bezugsperson ein.

Und was passiert in einer Kleinkinderturngruppe?

In vielen Köpfen spukt im Zusammenhang mit dem Wort Turnen die Schreckensvision von 4-6jährigen Kindern, die schon früh dem leistungsorientierten Sport ausgesetzt sind und zu normierten Bewegungen gezwungen werden.

Aber Kleinkinderturnen darf kein sportartspezifisches Training mit Kleinkindern sein!

Nach dem Selbstverständnis der Deutschen Turnerjugend bedeutet Kleinkinderturnen:

Ungenormte Bewegung, Spiel und Spaß für kleine Leute; ein Ort, an dem man ungehindert seine eigenen Bewegungserfahrungen machen kann.

Kleinkinderturnen ist ein fröhliches, gesundes und an den Bedürfnissen der Kinder orientiertes Bewegungsangebot. Es ist nicht einseitig auf das Geräteturnen ausgerichtet, sondern versteht sich sportartübergreifend.

Sein Ziel ist es, einen Erfahrungsraum für vielfältige Bewegungsmöglichkeiten zu schaffen und diesen, zusammen mit den Kindern, ständig zu erweitern, denn für die gesunde Entwicklung der Kinder ist viel Bewegungs- und Spielraum unverzichtbar.

Eine traumhafte Kleinkinderturnstunde:

Kürzlich hatte ich einen ganz besonderen Traum. Ich träumte von einer Kleinkinderturnstunde, die so ablief, wie man sie sich in der **Idealform** nur wünschen kann:

Beim Eintritt in die Turnhalle empfing mich ein fröhliches und ausgelassenes Lachen und Spielen.

Viele Kinder wirbelten wie kleine Ameisen in der ganzen Turnhalle herum. Da wurde gehoben, geschoben, getragen und gezogen; selbst große Bänke gelangten mit Hilfe emsiger „Tausendfüßler" von einer Stelle zur anderen.

Eine Gerätelandschaft entstand und auf mein Nachfragen erklärte mir die fünfjährige Steffi die Stationen:

Es gab eine Zwergenhöhle, in der man sich herrlich verstecken konnte und die Zuflucht gab vor imaginären wilden Tieren, die sich anscheinend in der Nähe herumtrieben.

Über eine schräge lange Brücke konnte man auf das große Dach der Höhle klettern und dort oben von einer langen Rutschbahn herunterrutschen.

Die Wiese vor der Zwergenhöhle war wellig und weich. Sie forderte geradezu heraus zum Kullern, Purzeln und Rollen, zum Nachlaufen und Fangen.

An der steilen Wand in der Nähe der Höhle war Hochbetrieb:

Ein paar Zwerge hingen an den Streben und baumelten herum, andere kletterten um die Wette, denn jeder wollte die höchste Spitze der Kletterwand erklimmen. Es fanden Mutproben im Abspringen aus „luftiger Höhe" auf den weichen Untergrund statt.

Einige Zwerge hatten viel Mühe, einen Schatz zu bewachen und immer wieder neue Verstecke zu finden, denn vorwitzige „Geschwister" wollten Teile des Schatzes stehlen, um damit Unsinn zu machen. Ihr Erfin-

dungsreichtum war riesig, wenn es darum ging, sich neue Möglichkeiten auszudenken, um die Bewacher des Schatzes abzulenken und so in den Besitz der wertvollen Dinge zu kommen.

Und die Übungsleiterin wuselte zwischen all den Zwergen herum, spielte und tobte mit ihnen und wäre sie nicht mehr als einen halben Meter größer gewesen als die Kinder, man hätte sie nicht erkannt.

Als ich aus meinem Traum erwachte, war ich zuerst gefangengenommen von der Atmosphäre, die in dieser Kleinkinderturnstunde geherrscht hatte. Ich dachte darüber nach, was denn das Besondere an dieser Stunde gewesen sei und vor allem, ob die Kinder dort überhaupt etwas lernen konnten.

Allein durch die Vielfalt der Bewegungsgelegenheiten war die Herausforderung an die Kinder riesengroß. Es gab unzählige Möglichkeiten, sich durch Bewegung mit und an den Geräten auseinanderzusetzen. Hier war der ideale Spielraum, um **motorische Fähigkeiten und Fertigkeiten** durch ständige Anwendung zu erproben und zu entwickeln, das Bewegungsrepertoire durch viele Aktionen zu vervollständigen und zu erweitern.

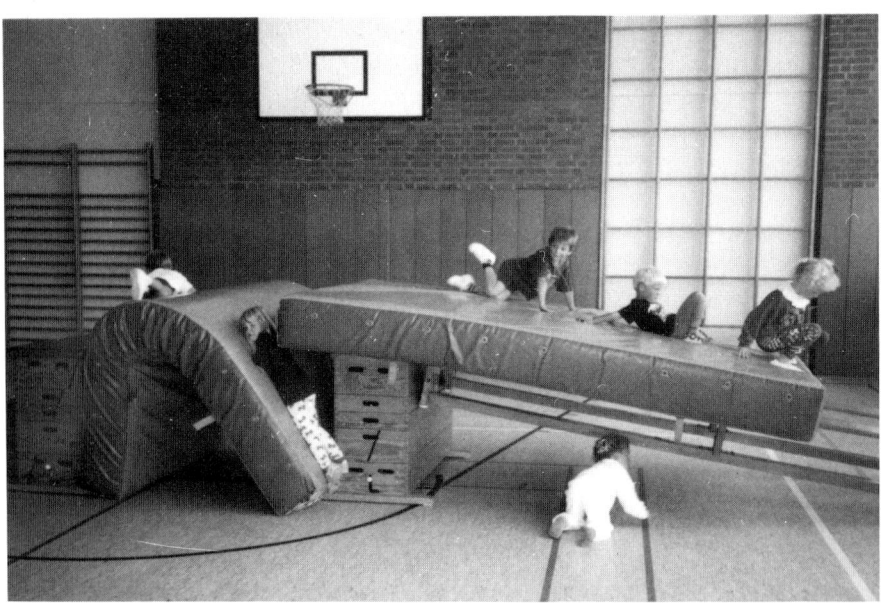

Und das alles ohne Zwang, denn jedes Kind konnte sich seiner eigenen Herausforderung stellen und mußte sich nicht den Wünschen und Anforderungen anderer unterwerfen. Wenn etwas einmal nicht so gut gelang, wie man es sich vorgestellt hatte, dann wurde so lange probiert, bis man endlich erfolgreich und zufrieden war. Kleine Tips und die nötige Aufmunterung holte man sich von der Übungsleiterin.

Mit erstaunlicher motorischer Geschicklichkeit wurden Bewegungen wie Hüpfen, Klettern, Krabbeln, Rutschen, Springen, Schwingen, Hangeln, Balancieren und Rollen erprobt und aufregende neue Wagnisse unternommen. Jede gelungene Aktion gab den Kindern Erfolgserlebnisse und zunehmende Sicherheit und Selbstvertrauen.

Und gerade diese Sicherheit ist der Schlüssel zur **sozialen Integration**.

Hier erinnerte ich mich wieder an meinen Traum:

An diesem Tag hatte Steffi eine ganz besondere Erfahrung gemacht. Sie war vorsichtig über die schräge Brücke zum Höhlendach hinaufgeklettert, auf dem Philipp - wie immer ungebremst und außer Rand und Band - herumtobte. Steffi streckte ihre Hand nach Philipp aus und hatte Mut genug, ihn beim Überqueren des etwas wackligen Plateaus um Hilfe zu bitten. Philipp stellte sein Toben ein und geleitete Steffi, zwar etwas linkisch, aber so behutsam wie möglich, über das Dach.

Dies war sicherlich das Ergebnis eines länger dauernden Prozesses, während dem die einzelnen Kinder aus ihrer Isolation heraustreten und zu einer Gruppe zusammenwachsen, wo - soweit das in diesem Alter möglich ist - jeder für jeden zuständig ist, wo man gegenseitig Rücksicht nimmt, sich anerkennt und nach seinen Möglichkeiten hilft.

Dies ist eine allmähliche Entwicklung, die in einer Kleinkinderturnstunde immer wieder aufs Neue stattfindet.

Aus einem einzelnen Kind mit dem Gefühl, isoliert und allein zu sein, wird ein aktives Mitglied einer Gruppe. Es gelingt immer wieder, das neu hinzukommende Kind aufzunehmen und zu integrieren, so daß es sich schon nach kurzer Zeit zugehörig fühlt. Gemeinsame besondere Unternehmungen, wie kleine Feste oder Ausflüge können zusätzlich bei der Integration neuer oder abseits stehender Kinder helfen.

Bald steht das Miteinander-Spaß-Haben im Vordergrund. Im gemeinsamen Spiel eröffnen sich jedem Kind ungezählte Möglichkeiten, die Fähigkeit zum sozialen Handeln zu erwerben und zu erproben, Toleranz und Rücksichtnahme zu üben.

Nach und nach erlebt das Kind ein Gefühl von Geborgensein in der Gruppe und sieht sich selbst als Teil einer Gemeinschaft, die in der Kooperation der einzelnen Mitglieder wertvolle gemeinsame Erlebnisse hat. Es bringt sich mit seiner ganzen Persönlichkeit in die Gruppe ein und gewinnt aus diesem Gruppengefühl wiederum neues Selbstbewußtsein und Selbstvertrauen.

Nur aus diesem Selbstvertrauen heraus wird es lernen, die Interessen anderer zu akzeptieren, aber auch seine eigenen Interessen zu vertreten.

Daß es dabei nicht ohne Konflikte abgeht, ist klar. Aber diese Konflikte und vor allem ihre Bewältigung gehören zum sozialen Lernprozeß dazu, sie sind Bestandteile des Miteinander-Umgehens. Es ist für jedes Kind wichtig, auf diesem Gebiet Erfahrungen zu sammeln, um ein effektives Konfliktlöseverhalten zu erlernen.

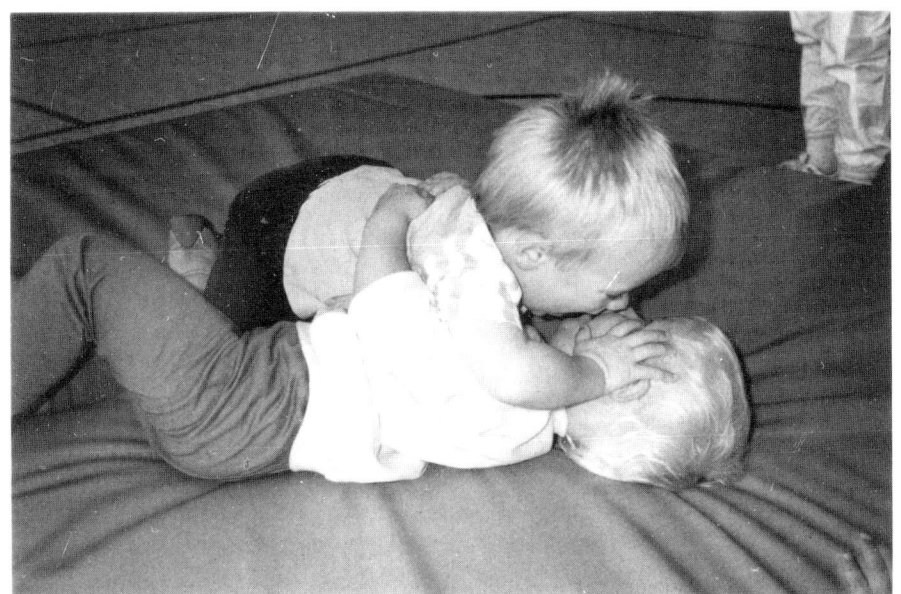

Im Kleinkinderturnen wird Kindern die Möglichkeit gegeben, sich selbst als Person im Umgang und in der Auseinandersetzung mit anderen zu erfahren, um die eigene Persönlichkeit zu entwickeln, zu verändern und zu festigen.

Nach und nach werden den Kindern soziale Verhaltensweisen einsichtiger, sie übernehmen im Spiel soziale Rollen und entwickeln im Idealfall soziale Einstellungen, ohne dabei Gefahr zu laufen, in sozialer Anpassung zu ersticken.

Sie lernen, einfache Spielregeln und Normen zu akzeptieren, denn in Kleinkinderturnstunden werden Rahmenbedingungen geschaffen, in denen Kinder auf der Grundlage bereits bestehender Ordnungsformen miteinander spielen und voneinander lernen. Wichtig ist dabei, ihnen deutlich zu machen, daß diese Ordnungsformen nicht starr und unumstößlich sind, sondern stets situativ verändert werden können.

Steffi hatte mehrmals versucht, einen dicken, nicht ganz leichten Medizinball – er war ein Teil des wertvollen Schatzes – über die weichen Wellen der Wiese zu tragen. Immer wieder kam sie aus dem Gleichgewicht und fiel nach vorn oder hinten um.

Endlich fand sie heraus, wie sie ihr eigenes Gewicht verlagern mußte, um ohne zu fallen mit dem Ball von einer Seite zur anderen zu kommen. Diese neue Erfahrung konnte sie dann problemlos auf die steile Brücke übertragen, und es gelang ihr auch ohne Mühe, den Ball über das wackelige Dach der Höhle zu transportieren.

In einer Untersuchung an Kindern im Alter von 4 - 6 Jahren wurde ein enger Zusammenhang zwischen der Bewegungsentwicklung eines Kindes und seiner Intelligenz nachgewiesen. Gezielte Bewegungsangebote mit der Möglichkeit zu eigenständigen Aktivitäten förderten nicht nur die motorischen Leistungen, es wurden auch erheblich bessere Leistungen in einem Intelligenztest festgestellt.

Eigentlich ist diese Feststellung auch ohne Untersuchung einleuchtend. Beim Umgang mit Materialien und Geräten schöpft das Kind durch aktives Handeln unbewußt neue Erkenntnisse. Es lernt Zusammenhänge und Wechselwirkungen durch eigenes Erproben und durch die aktive Auseinandersetzung mit der Umwelt kennen und verstehen, seine **kognitive Entwicklung** wird entscheidend beeinflußt.

Der Entwicklungspsychologe PIAGET beschreibt Denken beim Kind zunächst einmal als aktives Handeln, d.h., daß sich erst aus der Interaktion des Kindes mit seiner Umwelt, über die praktische Bewältigung von Problemen, eine gedankliche Beherrschung entwickelt (Interaktionstheorie).

Aus diesem Wissen ergibt sich die Forderung an ein kindgerecht durchgeführtes Kleinkinderturnen:

Kleinkinderturnen soll Kindern vielfältige Angebote machen, bei denen sie sich aktiv mit Materialien, Geräten und Personen, kurz mit ihrer Umwelt in immer neuen Situationen auseinandersetzen können.

Mit ihrer ganzen Persönlichkeit, mit all ihren Sinnen, Gedanken und Gefühlen werden sie sich an der Bewältigung der gestellten Aufgaben beteiligen und dabei sowohl ihre Motorik als auch ihre sozialen Verhaltensweisen und kognitiven Fähigkeiten weiterentwickeln.

Kleinkinderturnen - gesunder Spaß für kleine Leute

Gesundheit bedeutet nicht nur, frei von Krankheiten zu sein, sondern auch, sich geistig, körperlich und im Zusammenleben mit anderen wohlzufühlen.

Um sich nach dieser Definition gesund entwickeln zu können, brauchen Kinder vielseitige und regelmäßige Bewegungsreize in der Gemeinschaft von Spielkameraden. Die Bewegungseinschränkungen im alltäglichen Lebensraum der Kinder und das Fehlen von gleichaltrigen Spielgefährten stehen einem fröhlichen und ausgelassenen Bewegen leider immer wieder entgegen.

Kommunikationsstörungen, Ängste, Aggressivität, mangelnde Konzentrationsfähigkeit und Hyperaktivität, aber auch Haltungsschwächen und Fußschwächen sind Symptome, die immer häufiger auftreten und die sicher auch auf die veränderten Lebensbedingungen der Kinder zurückzuführen sind.

Die Notwendigkeit eines regelmäßigen, bedürfnisgerechten Bewegungsangebotes wird angesichts von Fakten, die Untersuchungen von

Kindern hinsichtlich ihres gesundheitlichen Status immer wieder ergeben und die beängstigende Ergebnisse zeigen, deutlich.

Gerade im Kleinkindalter, einem Alter in dem die Entwicklungspro-
zesse besonders rasant ablaufen, ist die Störanfälligkeit durch Bewe-
gungsmangel und unphysiologische Belastungen besonders groß.

Im Kleinkinderturnen werden **allen** Kindern vielfältige Möglichkeiten eröffnet, um sich ungebremst zu bewegen und sich körperlich zu
verausgaben - und dabei wird niemand ausgegrenzt. Hier ist auch
Platz für die kleinen Dicken, für die Ungelenken und die Schwachen,
hier rangiert Integration vor Ausgrenzung.

Ein vielseitiges Angebot und die Kombination verschiedener Praxis-
bereiche, wie z.B. Singen, Tanzen, Spielen, Klein- und Großgeräte,
bieten jedem Kind die Möglichkeit, sich persönliche Wünsche zu erfüllen und eigene Bedürfnisse zu befriedigen.

Da Kinder in diesem Alter von sich aus noch nicht einsehen können,
daß eine funktionelle Bewegung für die Erhaltung ihrer Gesundheit
wichtig ist, müssen die Angebote kindgerecht dargeboten werden. Das
bedeutet: Es werden nicht bittere Hustentropfen (isolierte Übungen)
verabreicht, sondern Hustenbonbons, die in buntes Papier einge-
wickelt sind und zum Naschen einladen.

Die Rolle der Übungsleiterin im Kleinkinderturnen

Wieder kam mir mein Traum von dieser gelungenen Kleinkinderturnstunde in den Sinn. Es konnte nicht allein am Aufbau und der
Wahl der Geräte liegen, daß in der Halle diese gelöste Atmosphäre
herrschte und die Kinder mit einem solchen Eifer bei der Sache waren.

Also fingen meine Gedanken an, um die Übungsleiterin und ihren
Beitrag zum Gelingen dieser Stunde zu kreisen:

Es war für sie mit Sicherheit ein weiter und anstrengender Weg, um
gemeinsam mit den Kindern zu diesem Ergebnis zu kommen.

Ihre Ehrlichkeit und Echtheit im Umgang mit den Kindern und die
Freude an ihrer Tätigkeit sind wichtige Voraussetzungen auf diesem
Weg. Jedes Kind, das zu ihr in die Turnstunde kommt, nimmt sie so
an, wie es ist. Es spielt keine Rolle, ob ein Kind dick oder dünn, blond
oder braun, motorisch geschickt oder ungeschickt ist. Für die Schüch-
ternen hat sie einige aufmunternde Worte zur Hand oder bietet Spiel-

formen an, die das Abbauen von Hemmungen und Ängsten erleichtern, und die Übermütigen hält sie unauffällig im Zaum.

Unterschiedliche Bewegungs-, Sozial- und Lernerfahrungen der Kinder werden durch das geschickt gewählte Angebot weitgehend ausgeglichen.

Eine Übungsleiterin im Kleinkinderturnen trägt ein hohes Maß an Verantwortung. Sie stellt die Weichen dafür, ob ein Kind mit Freude zum Sport geht und diese Freude womöglich ein Leben lang anhält, denn dem ersten Kontakt mit dem organisierten Sport kommt in diesem Zusammenhang eine ganz besondere Bedeutung zu.

Die Vermittlungsmethoden der Übungsleiterin sind nicht nur verantwortlich für das, **was** die Kinder lernen, sondern auch **wie** sie es tun.

Die Methoden haben eine herausragende Bedeutung für die Beziehungen zwischen der Übungsleiterin und den Kindern und ebenso für deren Persönlichkeitsentwicklung. Einer Vermittlungsform, die eigene Entscheidungen und die Mitwirkung am Stundenverlauf zuläßt, ist auf jeden Fall der Vorzug zu geben. Das schließt aber nicht aus, daß die Vermittlung auch einmal durch Unterweisen, Belehren, Lenken und Korrigieren vollzogen werden kann, wenn die Situation es erfordert.

Dies bedeutet für die Übungsleiterin, daß sie über ein gehöriges Maß an Selbstbewußtsein verfügen muß und in ihrer Stundenvorbereitung und -durchführung so flexibel bleibt, daß sie sich situativ auf die Kinder einstellen kann.

Die Aufgaben der Übungsleiterin sind vielschichtig, denn sie ist Bezugsperson, Erzieherin, Freundin und in seltenen Fällen auch letzte Instanz. Von ihr wird ein hohes Maß an Sachkompetenz, pädagogischer Autorität und einfühlsamem Beobachtungsvermögen erwartet.

Kleinkinder bringen in die Turnstunde mit...

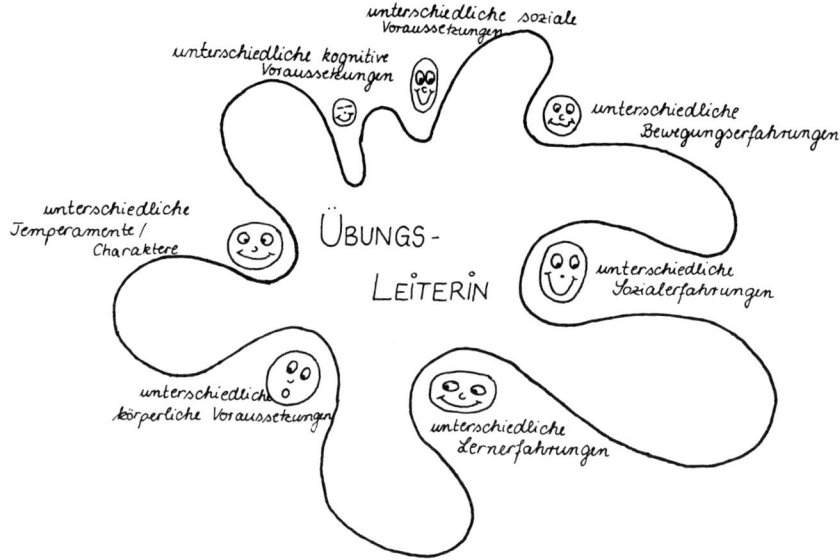

In jeder Turnstunde schafft die Übungsleiterin neue, unbekannte Spielsituationen, aber auch vertraute Bewegungsmöglichkeiten für die Kinder. Sie beobachtet die entstehenden Spiel- und Bewegungsprozesse und gibt, sofern sie benötigt werden, auch Bewegungsanregungen oder -aufgaben. Dort, wo der Spielfluß unterbrochen ist, greift sie ein, zieht sich aber dann zurück, wenn sie offensichtlich nicht gebraucht wird.

Mit ihrem Angebot in der Turnhalle wirkt sie auch auf das Bewegungsverhalten der Kinder zu Hause und im Wohnumfeld ein.

In einer leider oft bewegungsfeindlichen Umwelt ist die Übungsleiterin auch Anwältin der Kinder. Sie vertritt deren Interessen nach innen und außen, d.h. gegenüber den Eltern, dem Verein und anderen Institutionen mit dem Ziel, möglichst vielen Kindern die Teilnahme an Kleinkinderturnstunden zu ermöglichen.

Im Erfahrungsaustausch mit anderen Übungsleiterinnen wird sie neue Ideen aufgreifen und diese für die spezielle Situation ihrer Gruppe verändern.

Auch Aus- und Fortbildungsveranstaltungen wird sie, wann immer die Möglichkeit dazu besteht und sie es mit ihrem Zeitbudget vereinbaren kann, besuchen, nicht um dort fertige Rezepte zu übernehmen, sondern um Ideen aufzugreifen, Wege und Hilfen zu finden, um sich in ihrer Tätigkeit weiterzuentwickeln.

Aber nicht nur der gute Wille, viel Engagement und eine optimale Qualifikation der Übungsleiterin bereiten den Weg für fröhliche, erlebnisreiche und gesunde Turnstunden, dazu gehören auch kindgerechte Hallenzeiten (zwischen 14.30 und 17.30 Uhr), kindgerecht ausgestattete Geräteschränke und -räume und angemessene Gruppengrößen von 15 bis 20 Kindern.

Noch einmal gehen meine Gedanken zurück zu meinem Traum:

Steffi, Philipp und ihre kleinen Freunde und Freundinnen bewegten sich völlig nach ihren eigenen Vorstellungen in der Gerätelandschaft. Ihre Phantasie und Kreativität zeigten ihnen den weiteren Weg ihrer Handlungen.

Steffi gefiel es besonders gut, ihre neu erworbene Fähigkeit zum Gehen auf nachgebenden, wackeligen Untergründen immer wieder auszuprobieren.

Philipp hatte seinen Spaß daran, ausdauernd das gesamte Zwergengelände zu überqueren und erfand dabei in jeder Runde neue Fortbewegungsmöglichkeiten.

Kathrin und Kevin saßen gemütlich in der Höhle und sangen lauthals miteinander und Julia jagte anderen Kindern immer wieder den geklauten Schatz ab.

Laisser-faire? - Strukturlosigkeit oder sogar Chaos??

Es erschien mir nicht so, als ginge alles drunter und drüber, denn die Kinder verstanden es, sich auf diese freie Spielsituation einzustellen und von sich aus initiativ zu werden.

Die didaktischen Handlungsprinzipien

1: Offenheit
2: Aufforderungscharakter
3: Freiwilligkeit
4: Zwanglosigkeit
5: Wahlmöglichkeit
6: Entscheidungsmöglichkeit
7: Initiativmöglichkeit

sind ein Weg in eine Unterrichtsmethode, der sich zu gehen lohnt, der aber voraussetzt, daß diese Prinzipien langfristig angelegt, geübt und verwirklicht werden.

Diese Handlungsprinzipien sind die Grundlage für das pädagogische Planen und Handeln im Kleinkinderturnen und gleichzeitig Orientierungspunkte, die das Unterrichtsgeschehen ständig mitbestimmen.

Es wird gewissermaßen in jeder Turnstunde von der Übungsleiterin ein rotes Wollknäuel ausgerollt, das dann zusammen mit den Kindern in der Halle um die Säulen der sieben didaktischen Handlungsprinzipien verspannt wird. Das dabei entstehende Netz bildet die Grundlage für die kognitiven, motorischen und sozialen Lernerfahrungen, die jedes Kind im Kleinkinderturnen machen kann.

Die bereits oben genannten didaktischen Handlungsprinzipien wurden von Lorenz, Opaschowski und Pötzsch entwickelt und hier für das Kleinkinderturnen verändert:

1. Didaktisches Handlungsprinzip: OFFENHEIT

Das Elementare dieses Prinzips ist die Flexibilität des Unterrichtskonzeptes sowie die Offenheit der Teilnahme. Das Angebot und die Umgangsformen müssen in besonderem Maße auf die Kinder abgestimmt sein, also für die Bedürfnisse, Interessen und Erwartungen der Gruppe offen sein.

Übertragen auf das Kleinkinderturnen bedeutet dies, daß das Angebot für neue Anregungen aus dem Kreis der Kinder aufgeschlossen und grundsätzlich für neue Teilnehmer zugänglich sein muß.

Offenheit bedeutet, die Kinder zur Mitgestaltung, Weiterentwicklung und Veränderung anzuregen. Offenheit setzt Flexibilität voraus, das heißt flexible Planung bzw. nur bedingte Vorausplanung des Angebotes und des methodischen Vorgehens der Übungsleiterin.

2. Didaktisches Handlungsprinzip: AUFFORDERUNGSCHARAKTER

Dieses Prinzip betrifft die Gestaltung der gesamten Erlebnissituation im Kleinkinderturnen. Es soll der natürliche Aufforderungscharakter zum Zuge kommen (die Sache spricht für sich).

Es ist als Erweiterung des spielpädagogischen Prinzips der italienischen Pädagogin Maria Montessori zu verstehen, für die der selbständige Umgang mit Materialien und ggf. eine „vorbereitete Umgebung" Vorrang vor direktem pädagogischem Einwirken hat.

a) Durch die anregungsreiche Umwelt
   z.B. durch Geräteaufbau, Spiellandschaften, Kleingeräte
b) durch motivierende Medien
   z.B. durch Spielgeräte und Gestaltungsmaterialien
c) durch aktivierende Impulse
   z.B. durch Mimik, Gestik, Stimme

werden Neugierverhalten angeregt, Spontaneität gefördert, Eigenaktivität und Eigeninitiative in aktives Handeln umgesetzt.

3. Didaktisches Handlungsprinzip: FREIWILLIGKEIT

Das Grundlegende dieses Handlungsprinzips ist die Möglichkeit, aus eigenem Antrieb heraus seinen Neigungen und Interessen frei nachgehen zu können. Es schließt ein Größtmaß an individueller Bewegungsfreiheit ein. Es bedeutet, selbst über seine eigenen Tätigkeiten zu bestimmen, über die eigene Beteiligung, die Dauer, die Intensität oder die Unterbrechungen der Aktivitäten.

Dabei muß auch das Aussteigen aus einem Spielgeschehen ohne Diskriminierung möglich sein. Die Übungsleiterin ermöglicht das Prinzip „Freiwilligkeit", indem sie den Kindern Gelegenheit gibt, aus freien Stücken ihren Interessen und Bedürfnissen nachzugehen.

Hier ist allerdings zu berücksichtigen, daß viele Kinder sich ihrer Bedürfnisse erst bewußt werden müssen, ehe sie sich freiwillig und frei entfalten können. Hier spielen vor allem alters- und schichtspezifische Unterschiede eine wesentliche Rolle. Wenn Freiwilligkeit in Elternhaus und Kindergarten nicht eingeübt und im Alltag nicht erlebt, erfahren und erlernt werden können, kann ihre Realisierung auch nicht einfach vorausgesetzt werden.

Insofern stellt das Kleinkinderturnen wichtige Erprobungs- und Entwicklungsmöglichkeiten für schrittweises Lernen durch Erfahrung dar.

4. Didaktisches Handlungsprinzip: ZWANGLOSIGKEIT

Zwanglosigkeit bedeutet, sich ungezwungen fühlen und geben zu können („sich wie zu Hause fühlen").

Im Kleinkinderturnen sollte eine Atmosphäre entstehen, die möglichst frei bleibt von Reglementierung, Erfolgszwang und Konkurrenzkampf.

Starre Bewegungsformen, überzogene Leistungserwartungen, unflexible Regelwerke und rigide Vorschriften entfallen. Sie werden ersetzt durch freiwillige Leistungsbereitschaft, persönlich geprägte Bewegungserlebnisse und variable, veränderbare Regelvereinbarungen.

Die Übungsleiterin verliert ihre direktive, zentrale Stellung. Sie sichert den Kindern eine innere Freiheit in der Turnstunde und gibt ihnen damit die Möglichkeit, sich zu öffnen und neue Erfahrungen zu machen.

5. Didaktisches Handlungsprinzip: WAHLMÖGLICHKEIT

Wahlmöglichkeit heißt, zwischen Alternativen auswählen zu können und auch abwählen zu können. So entwickelt sich die Fähigkeit, nach eigenen Kriterien seine Wahl zu treffen. Die Freiheit, Alternativen prüfen zu können setzt voraus, daß die Kinder zwischen mindestens zwei ungefähr gleichwertigen Möglichkeiten wählen können.

Wahlmöglichkeit schließt auch die Möglichkeit ein, sich nicht nur **für** sondern auch **gegen** ein Angebot zu entscheiden, gemeinsam mit anderen tätig zu sein, sich selbst zu beschäftigen, zuzuschauen oder auch nichts zu tun.

Durch das Einräumen von Wahlmöglichkeiten werden die Kinder zu bewußter, aktiver Beteiligung angeregt. Das passive Befolgen von Anweisungen wird damit weitgehend ausgeschlossen.

Wahlmöglichkeit ist für die Kinder schon dann gegeben, wenn sie nicht auf spezialisierte Aktivitäten festgelegt werden, sondern sich aus ihrer Phantasie heraus Lösungen von offenen Aufgaben, von Spielsituationen oder von Bewegungsgeschichten erdenken, eine Lösung auswählen und diese realisieren.

6. Didaktisches Handlungsprinzip: ENTSCHEIDUNGSMÖGLICHKEIT

Elementares Kriterium dieses Handlungsprinzips ist die Freiheit der Kinder, selbstbestimmt und selbstverantwortlich aus eigenem Entschluß heraus handeln zu können.

Insbesondere bei kleinen Kindern ist dabei zu berücksichtigen, daß ihre Entscheidungsfähigkeit noch ausgebildet und erweitert werden muß. Der Entscheidungsspielraum muß deshalb angemessen sein. Er darf nicht so groß sein, daß die Kinder davon erdrückt werden, nur spontan reagieren oder gar keine Entscheidung treffen können.

Entscheidungsmöglichkeit ist für die Übungsleiterin ein langfristig anzulegendes didaktisches Handlungsprinzip.

Schritt für Schritt sollte die Gruppe dazu von der Übungsleiterin befähigt werden, indem diese die Entscheidungsspielräume für die Kinder nach und nach erweitert und von relativ einfachen Entscheidungssituationen zu komplexeren Entscheidungsräumen für die Kinder kommt.

7. Didaktisches Handlungsprinzip: INITIATIVMÖGLICHKEIT

Eigeninitiative bedeutet, aus eigenem Antrieb und nach eigenem Ermessen sein Handeln selbst zu organisieren.

Sie ist Voraussetzung für die persönliche Entfaltung, für das Zutrauen zum eigenen „Ich" und somit Grundlage für die Steigerung des Selbstwertgefühls. Das größte Hindernis auf diesem Weg ist die Passivität. Viele Kinder sind gewohnt nur das zu tun, was ihnen gesagt wird. Sie konsumieren ausschließlich, was ihnen geboten wird.

Die Übungsleiterin kann diesem Verhalten entgegenwirken, indem sie gemeinsames Erleben, Erproben und Erfahren ermöglicht und Konkurrenz durch Kooperation ersetzt.

Freiräume - eine Chance für alle!

Beim genauen Überdenken der didaktischen Handlungsprinzipien tauchen eine Menge Fragen auf, zum Beispiel:

- Es leuchtet zwar ein, daß dies alles wünschenswerte Richtlinien sind, aber wie soll ich sie verwirklichen?
- Ich bin als Übungsleiterin allein in der Halle, tanzen mir die Kinder dann nicht auf dem Kopf herum, wenn ich ihnen so viel Spielraum lasse?
- Wer garantiert mir, daß bei all dem Durcheinander nicht pausenlos Unfälle passieren?
- Erwarten die Eltern von mir nicht eine konsequente und zielgerichtete Hinführung zur Leistung?

Es ist selbstverständlich, daß man von einer streng strukturierten, zwar fröhlichen, aber mit fester Hand geleiteten Kleinkinderturnstunde nicht von heute auf morgen zum Umsetzen aller vorgenannten Prinzipien übergehen kann. Die Kinder müssen zuerst lernen, mit den neuen Freiräumen umzugehen, ihre eigenen Bedürfnisse zu entdecken und auch zu äußern. Sie müssen das neue Mitspracherecht, das ihnen jetzt eingeräumt wird, zuerst einmal verstehen, um es auch nutzen zu können.

Wie aber kann sich die Übungsleiterin diesem angestrebten Ziel nähern?

Im folgenden sind neun Stufen genannt, die die Kinder vom bloßen Mitmachen und Mitspielen zur selbstbestimmten Teilnahme an ihrer Turnstunde führen können. Sie sind nicht als Einzelschritte gedacht, die man nacheinander abhakt; sie fließen ineinander, bauen aufeinander auf und sollten für jede Stunde neu überdacht und verknüpft werden.
Von der Übungsleiterin wird dabei viel pädagogisches Gespür verlangt, denn es ist ein **differenziertes Vorgehen** erforderlich, weil niemals alle Kinder auf der gleichen Entwicklungsstufe stehen.

Die Übungsleiterin...

- schafft eine angenehme Gruppenatmosphäre
- gibt Anregungen zum Mitspielen
- ermutigt zum Selbstmachen
- fordert zur Mitentscheidung heraus
- räumt Chancen zum Selbstentscheiden ein
- gibt Möglichkeiten zum Selbstgestalten
- leistet Hilfe beim Mitgestalten
- gibt Vertrauen zum Selbstorganisieren
- arrangiert Gelegenheiten zum Selbstverantworten

In der Praxis heißt dies, daß sie immer wieder auf die Ideen und Anregungen der Kinder eingehen muß, um ihnen Chancen einzuräumen, die diese auf dem Weg zur Selbständigkeit und zu einem starken Selbstbewußtsein voranbringen.

Dies ist ein lang anzulegender kontinuierlicher Prozeß, der am Ende zu fröhlichen Turnstunden führt, die die Kinder gleichberechtigt und selbstbewußt mitgestalten.

Wäre das nicht traumhaft?!

Mit Phantasie zur Bewegungsgeschichte

Die modernen Medien bringen nicht nur den Erwachsenen sondern auch den Kindern alle Geschehnisse optisch aufbereitet und bis ins letzte Detail ausgeschmückt auf Knopfdruck ins Haus. Warum sollen Kinder noch mit Puppen oder Schmusetieren spielen, wenn diese ab morgens 6 Uhr in beweglichen Bildern auf den Mattscheiben agieren?

Diese Filmstars bewegen sich nicht nur viel besser als das eigene Spielzeug im Kinderzimmer, sondern können auch sprechen und bringen außerdem die Spielideen gleich mit. Der einzige Haken ist nur der, daß die Geschichten immer so ausgehen müssen, wie die „Macher" im Fernsehen dies wollen. Es gibt keine Möglichkeit sich einzumischen, zu wiederholen, etwas abzuändern oder den Figuren andere Verhaltens- und Handlungsweisen zu geben.

Dies könnte zwar im Anschluß an eine Sendung geschehen, indem das Kind die Geschichte noch einmal spielerisch verarbeitet, aber da läuft ja schon wieder die nächste Sendung.

Die Manipulation durch kommerzielle Angebote – sowohl durch die Unterhaltungsmedien als auch durch die Spielzeugindustrie – lassen die Kreativität vieler Kinder immer mehr verkümmern.

Aber gerade im phantasievollen und kreativen Spiel kann das Kind Erlebnisse, die es besonders beeindruckt haben oder Geschehnisse, die nicht richtig eingeordnet oder verstanden wurden, aufarbeiten. Das Kind kann dabei mittels seiner Phantasie in unterschiedliche Rollen schlüpfen und sich so unerlaubte oder unerreichbare Wünsche erfüllen und Spannungen abbauen.

In Bewegungsgeschichten wird nicht nur Phantasie von den Kindern, sondern auch von der Übungsleiterin gefordert. Als Geschichtenerzählerin motiviert sie die Kinder, die Handlung in Bewegung umzusetzen. Gedanklich gehen dabei die Kinder mit ihr auf die Reise, erleben ganz individuell die Handlung der Geschichte und spielen sie ganzheitlich mit. Dabei ist der vollständige kleine Mensch mit allen seinen Sinnen, Gefühlen und Gedanken beteiligt.

Um das Ziel zu erreichen, Kinder zu phantasievollem Umgang mit dem Text der Geschichte zu bewegen, muß man auf einige wichtige Kriterien achten.

- Bewegungsgeschichten sind dem Alter der Kinder und der Struktur der Gruppe angepaßt, sie haben Themen zum Inhalt, die den Erfahrungsbereich der Kinder zugrunde legen.
- Die Übungsleiterin achtet beim Erzählen auf eine kindgemäße (nicht kindische) Sprache.
- Möglichst alle Ideen und Beiträge der Kinder sollen in die Geschichte einfließen. Für die Entwicklung von Phantasie und Kreativität, Selbstvertrauen und Selbstwertgefühl ist es wichtig, daß die Vorschläge der Kinder ernstgenommen und sie immer wieder ermutigt werden, eine Geschichte mitzugestalten und weiterzuentwickeln.
- Beim Erzählen der Geschichte läßt die Übungsleiterin nach den jeweiligen Bewegungsumschreibungen genügend Zeit (Pause), damit die Kinder ihre Bewegungsvorstellungen umsetzen und ausleben können.
- Die Umsetzung der Geschichte in Bewegung geschieht bei jedem Kind individuell, es gibt oft viele unterschiedliche Lösungen, die nicht korrigiert oder vereinheitlicht werden müssen.
- Die Übungsleiterin erlebt beim Erzählen die Geschichte mit, um durch ihre innere Anteilnahme, durch das Ändern von Klangfarbe und Tonstärke der Stimme, Spannung aufbauen zu können und damit immer wieder neu zu motivieren.
- Als Quellen für Ideen können dienen:
  ein Fingerspiel,
  ein Kinderlied,
  ein Bilderbuch,
  ein Gedicht,
  aktuelle und alltägliche Situationen (z. B. Wetter, Jahreszeit, Baustelle...),
  besondere Erlebnisse (z.B. Zoobesuch, Kirmes, Rohrbruch...).

Es gibt viele Anlässe, um Bewegungsgeschichten in die Übungsstunde einzubauen. Sie können sowohl einzelne Teile als auch durchgängiges Thema der gesamten Turnstunde sein. Durch die Impulse, die von ihnen ausgehen, kann man sich zu ihnen sowohl mit und ohne Kleingeräten als auch an Großgeräten bewegen. Sie können der Schlüssel zu interessanten, erlebnisreichen und fröhlichen Turnstunden sein.

Bewegungsgeschichten...

- sind offen für gemeinsame und kooperative Weiterentwicklung
- haben einen hohen Aufforderungscharakter
- werden von den Kindern nur insoweit nachvollzogen, wie diese es können und möchten
- kommen ohne Vorschriften und Leistungserwartungen aus
- können von den Kindern frei interpretiert werden
- lassen den Kindern Entscheidungsspielraum
- schaffen Freiraum für Eigeninitiative
- entsprechen voll den in der Einleitung beschriebenen didaktisch-methodischen Handlungsprinzipien

Um völlig frei erzählen zu können und außerdem auf die Beiträge der Kinder einzugehen, braucht die Übungsleiterin schon ein wenig Mut. Schließlich kann man zu Beginn der Geschichte noch nicht wissen, welche ulkigen oder skurrilen Vorschläge von den Kindern kommen und ob man danach die Geschichte noch wie geplant zu Ende bringen kann.

Anmerkung:

Bei der ersten, der nachfolgenden Geschichten ist die jeweils angedachte Umsetzung in Bewegung in Kursivschrift eingefügt. Diese Bewegungsbeschreibungen sollen das Prinzip deutlich machen und der Übungsleiterin einen Eindruck vermitteln, wie Bewegungsgeschichten ablaufen können.

Bei allen weiteren Geschichten wird auf eine durchgängige Bewegungsbeschreibung verzichtet, bei weniger eindeutigen Stellen helfen Zeichnungen oder Fotos weiter.

Nach jedem neuen Absatz bietet sich eine neue Bewegungsmöglichkeit an.

Zu allen verwendeten Kleingeräten befindet sich im Kapitel „Kleingeräte und Alltagsmaterialien" eine Sammlung von Bewegungsaufgaben.

Spiel- und Bewegungsaufgaben mit Klanghölzern

Thema: Der Sommerspaziergang
Material: Zwei Klanghölzer für jedes Kind

Sonntags geht die ganze Familie bei schönem Wetter spazieren. Damit dieser Spaziergang nicht langweilig wird, nehmen wir heute etwas ganz Besonderes mit: Zwei kleine Hölzchen sind es und ihr fragt, was man denn damit wohl anfangen kann. Wartet einmal ab und laßt euch überraschen, denn sie werden uns bei unserem Spaziergang sehr nützlich sein.
Wenn ihr alle bereit seid, dann können wir losgehen. Ganz gemütlich schlendern wir dahin und die beiden Hölzer klappern im Takt dazu. Wenn ein Kind auf das andere hört und sich mit seinen Gehschritten anpaßt, wird aus dem Durcheinanderklopfen ein harmonisches Miteinander und das hört sich sehr schön an.

Die Klanghölzer im Gleichklang zum Gehrhythmus gegeneinanderschlagen

Ich höre euch schon maulen: „Ist das aber langweilig. Wir wollen lieber spazierenrennen!" Gut, dann flitzen wir einmal ganz schnell los. Aber vergeßt dabei nicht, mit euren Hölzern zu klopfen. Seht ihr, es ist ganz schön schwierig, die Hölzer so gegeneinander zu schlagen, daß sie mit den schnellen Schritten zusammenpassen.

Schnell laufen und dazu bei jedem Schritt klopfen

Da kommt man ganz schön aus der Puste. Deshalb laßt uns jetzt wieder langsamer gehen. Außerdem sind wir nun am Fuß eines steilen Berges angekommen. Nur mit einer Steighilfe schaffen wir es, diesen Berg zu erklimmen.

Die Klanghölzer als kurze Spazierstöcke benutzen und auf allen Vieren vorwärtsgehen

So nun sind wir fast oben, aber hopsa, da haben wir unsere Hölzer verloren, sie kullern den ganzen Berg wieder herunter!

Müssen wir nun noch einmal den Berg hinunter und die Hölzer holen? Na klar, denn schließlich können wir den Müll nicht einfach in der Landschaft herumliegen lassen. Also, schnell hinunter und noch einmal den Berg hinaufgekraxelt. Paßt aber dieses Mal besser auf eure Hölzer auf.

Mit den kurzen Stöcken wieder vorwärtsgehen

Geschafft! Wir sind oben auf dem Berg angekommen, aber spürt ihr es auch? Es beginnt zu regnen. Ein Glück, daß wir den Regenschirm mitgenommen haben. Wir spannen ihn auf und marschieren lustig weiter.

Ein Klangholz wie einen Regenschirm hochhalten

Uns macht das bißchen Regen gar nichts aus, im Gegenteil, wir können sogar dabei noch singen und tanzen.

Lied: Ich ging einmal im Regen... (siehe S. 123).

Zwar scheint jetzt wieder die Sonne aber der Regen und der starke Wind haben viele kleine Äste von den Bäumen heruntergefegt; unser Spaziergang wird zum Hindernislauf. Vorsichtig müssen wir um die am Boden liegenden Äste herumgehen, über sie hinweglaufen oder -springen. Dabei gebt acht, daß ihr nicht auf die Äste tretet, denn wenn sie wegrollen, könnt ihr böse hinfallen.

Klanghölzer auf dem Hallenboden verteilen, vorsichtig um sie herumgehen oder sie überspringen

Ich denke, es kann nichts schaden, wenn wir auf den Wegen ein wenig aufräumen. Wir nehmen uns einfach jeder zwei Äste und dann ist alles wieder in Ordnung.

Jedes Kind nimmt sich wieder zwei Klanghölzer

Seid einmal ganz still. Hört ihr es auch? Es ist noch ganz weit weg aber ich glaube, ein Gewitter zieht auf. Ich kann schon ein ganz leises Grummeln hören.

Die Klanghölzer mit den flachen Händen hin- und herrollen

Da! Mich hat der erste Regentropfen erwischt. Vorerst sind es noch ganz wenige Tropfen...

Klanghölzer ganz leicht und mit großen zeitlichen Abständen gegeneinander schlagen

...aber nun wird der Regen stärker...

Hölzer lauter und etwas schneller gegeneinander schlagen

... und jetzt schüttet es wie aus Eimern!

Ganz fest und schnell schlagen

Rums, da ist der erste Donnerschlag...

Mit den Klanghölzern auf den Boden trommeln

und es schüttet immer noch....

wie vor

schon wieder ein langer lauter Donner

wie vor

und ein greller Blitz!

Mit einem Klangholz eine Zickzacklinie in die Luft malen

Jetzt läßt der Regen langsam nach und bald fallen nur noch vereinzelte Regentropfen. Nur ganz leise hört man noch ein fernes Grummeln. Das Gewitter hat sich verzogen und die Sonne kommt wieder durch die Wolken.

Bewegungen vom Beginn des Gewitters wiederholen, für die Sonne einen großen Kreis in die Luft zeichnen

So, nun laßt uns unseren Spaziergang fortsetzen.
Da klappert doch etwas in der Nähe: Es hört sich an wie ein Storch. ihr wißt doch, das sind die großen schwarz-weißen Vögel, die fast immer auf einem Bein stehen:

„Der Storch, der steht so ganz allein auf seinem langen Storchenbein.
Klappt mit dem Schnabel uns zum Gruß und wechselt auf den and'ren Fuß.
Er breitet seine Flügel aus und fliegt schnell in ein and'res Haus."

Den Sprechreim gemeinsam aufsagen und die Bewegungen dazu ausführen

Oh Schreck, nun fliegt er weg! Vielleicht können wir ihn mit Hilfe unserer Hölzer, die wir zum Fliegen einsetzen, verfolgen.

Mit ausgebreiteten Armen Flugbewegungen machen und schnell laufen

Schade, wir konnten ihn nicht einholen. Aber schaut euch einmal um, kommt euch diese Gegend nicht bekannt vor? Bei der Verfolgung des Storches sind wir ganz zufällig wieder in der Nähe unseres Dorfes (unserer Stadt) angekommen. Wir gehen nur noch ein paar Schritte mit unseren kurzen Spazierstöcken und versammeln uns dann zum Abschlußlied in der Turnhalle.

Mit allen Klanghölzern einen großen Raum auf den Boden legen und sich hineinsetzen

Spiel- und Bewegungsaufgaben an kleinen Turngeräten

Thema: Eine Fahrt ins Blaue
Material: Kleine Kästen, Kastendeckel, Matten und Bänke wahllos
            in der Halle verteilt
            Die Geschichte spielt sich um die Geräte herum ab.

Schon lange haben wir uns vorgenommen, einmal gemeinsam eine Fahrt zu machen. Heute ist es nun soweit. Wir starten mit unseren Autos am Parkplatz vor der Turnhalle und lassen uns überraschen, wo wir schließlich landen werden.
Jeder nimmt sein Lenkrad in die Hand und dann fahren wir zuerst durch die Stadt. Wir schalten unser Autoradio an und singen fröhlich mit.

Lied: Tut-tut, ein Auto kommt... (siehe S.130).

Achtung, die Ampel schaltet auf Rot, wir müssen warten... und warten... und warten
Endlich! Die Ampel schaltet auf gelb... und wird grün. Weiter geht's.
Schon wieder eine Ampel!
Jetzt sind wir am Rande der Stadt und fahren auf einer kurvenreichen Landstraße bis zur nächsten Autobahnauffahrt.
Die Straße geht sehr steil bergauf und die Autos mit den schwachen Motoren kommen nur sehr langsam voran.
Endlich ist die Autobahn erreicht und wir können losflitzen!

Gebt acht beim Überholen, zuerst blinken, dann vorbeifahren und vor dem überholten Auto wieder blinken und einordnen.

Nun wollen wir die Autobahn verlassen und auf einem Parkplatz anhalten. Oh, Moment mal, wir haben uns ein wenig verfahren. Leider können wir hier nicht wenden, deshalb müssen wir nun vorsichtig und langsam ein kurzes Stück rückwärtsfahren.

Gut, hier sind wir richtig und steigen aus den Autos aus.

Puh, ist das ein Nebel! Man kann ja die Hand vor den Augen nicht sehen. Vorsichtig tasten wir uns blind vorwärts, um festzustellen, wo wir uns befinden. Dabei ist es gut, wenn wir uns gegenseitig helfen und schützen.

Nachdem wir das Gelände ausgiebig kennengelernt haben, setzen wir uns wieder in unsere Autos und fahren weiter.

Nach einiger Zeit halten wir wieder an, legen noch eine kurze Strecke zu Fuß zurück und schauen uns erwartungsvoll um. Jawohl, wir sind in einem Spielpark angekommen. Die Geräte stehen allerdings ziemlich dumm herum; unter einem Spielpark haben wir uns eigentlich etwas anderes vorgestellt. Das macht aber gar nichts, denn schließlich können wir die Geräte ja selbst so umbauen, daß wir daran spielen und turnen können.

Immer wieder fallen uns neue Möglichkeiten ein, wie wir den Spielpark noch schöner und interessanter umgestalten können. Wir bauen Tunnel, hohe Brücken, einen Irrgarten, eine Kullerwiese, einen Graben und, und, und ...

Beim Spielen haben wir gar nicht bemerkt, daß es schon langsam dunkel wird, und weil wir alles ausprobiert haben, können wir uns zufrieden auf den Heimweg machen. Wir gehen zurück zu unseren Autos und fahren auf der gleichen Strecke, auf der wir gekommen sind, wieder heim. Könnt ihr euch noch genau erinnern?

Spiel- und Bewegungsaufgaben ohne Geräte

Thema: Auf der Frühlingswiese
Material: Keines

Gerade eben habe ich etwas sehr Schönes erlebt. Ich bin auf dem Weg hierher an einer Wiese vorbeigekommen und weil es für die Turnstunde noch viel zu früh war, bin ich ein paar Schritte in die Wiese hineingegangen.
Das Gras war schon ziemlich hoch gewachsen und ich mußte meine Füße hochheben, damit ich nicht ins Stolpern kam. Mit großen Schritten ging ich vorwärts.
Plötzlich flatterte etwas aus dem Gras auf. Huch, habe ich mich erschrocken, aber dann habe ich gleich gesehen, daß es nur ein Schmetterling war. Ich habe mich ganz still verhalten und zugeschaut, wie der Schmetterling von einer Blüte zur anderen flatterte.
Ich wollte die kleinen Falter ein wenig beobachten und setzte mich vorsichtig ins Gras. Man muß immer schön aufpassen, wo man sich hinsetzt, denn beinahe hätte ich einen kleinen Marienkäfer plattgedrückt. Er lag auf dem Rücken und zappelte hilflos mit seinen Beinen in der Luft herum. Trotzdem gelang es ihm nicht, wieder festen Boden unter die Füße zu bekommen.
Ich habe ihn vorsichtig auf meine Hand gesetzt und er ist dann schnell auf den nächsten großen Grashalm losmarschiert. Doch da waren noch mehr Marienkäfer, ich glaube, es war eine ganze Familie mit Vater, Mutter und Kindern.

Darstellen des spielbaren Kinderliedes vom Sonnenkäferpapa (siehe S. 126).

Irgend etwas kribbelte mich da! O weh, obwohl ich so vorsichtig war, hatte ich mich doch ganz dicht neben eine Ameisenstraße gesetzt. In einer langen Reihe krabbelte eine Ameise nach der anderen an mir vorbei.

Um die Ameisen auf ihrem Marsch nicht zu stören, ging ich ein paar Schritte weiter...

Schaut einmal, was ist denn das für ein Tier? Es hoppelt mit aufgestellten langen Ohren durch das Gras und schlägt hin und wieder einen Haken.

Die kleinen Häschen waren ausgelassen und übermütig, sie spielten Weglaufen und Fangen...,

...sie rieben ihre Näschen gegeneinander...

...oder kraulten sich gegenseitig im weichen Fell.

Ganz schön aufregend ist so ein Besuch in der Frühlingswiese. Man muß sich nur ein wenig Zeit lassen, dann kann man auch beobachten, wie die Blumen ganz langsam ihre Blüten öffnen und sich dem Licht entgegenstrecken.

Wenn der Wind durch die Gräser und Blüten weht, fangen sie an, hin- und herzuschwanken...

...und bei stärkerem Wind biegen sie sich fast bis auf den Erdboden herab.

Ich hörte von Ferne die Kirchturmuhr schlagen. Es war Zeit, meinen Weg fortzusetzen. Mit großen Schritten stapfte ich vorsichtig wieder zur Straße zurück, denn ich wollte keines der kleinen Tiere stören oder verletzen.

Im Vorbeigehen bemerkte ich noch eine Schnecke, die es sich auf einem großen Blatt gemütlich gemacht hatte. ihr konnten weder Wind noch Regen etwas anhaben, denn sie hatte ihr Haus auf dem Rücken und konnte sich bei Bedarf schnell zurückziehen.

Gemeinsames Singen und Spielen des Liedes von der kleinen Schnecke (siehe S. 127).

Das letzte Stück bis zur Turnhalle mußte ich dann noch rennen, damit ich rechtzeitig zur Turnstunde da war.

Spiel- und Bewegungsaufgaben mit Zeitungen

Thema: Der Zeitungsbote
Material: Für jedes Kind mindestens ein Zeitungsblatt

Klaus Fröhlich ist unser Zeitungsbote. Jeden Morgen, wenn alle Leute noch gemütlich in ihren Betten liegen, muß er bei Wind und Wetter hinaus und die neueste Zeitung austragen.

Normalerweise geht er recht gemütlich von einem Haus zum anderen, aber gestern war ein besonders unfreundlicher Tag. Es war empfindlich kühl, Klaus hatte sich nicht warm genug angezogen und fing an zu frieren. Aber was ein richtiger Zeitungsbote ist, der weiß sich zu helfen. Er nahm eine Zeitung, faltete sie zusammen und klopfte sich die kalten Arme und Beine warm. Und natürlich ging er dabei auch etwas schneller als gewöhnlich.

Nun fing es auch noch an zu regnen! Klaus Fröhlich wußte auch da einen Ausweg, er schlug eine Zeitung auf und hielt sie sich wie ein Dach über den Kopf.

Als es stärker regnete und ihm noch dazu ein ziemlich starker Wind entgegenblies, hielt er eine ausgebreitete Zeitung vor seinen Bauch, damit seine Hose und die neue Jacke nicht naß wurden. Je schneller er rannte, um so weniger brauchte er die Zeitung festzuhalten, denn die blieb einfach an seinem Körper kleben.

Zum Glück war die Regenschauer bald vorbei, denn Klaus Fröhlich war ganz schön aus der Puste gekommen. Er ging erst einmal ein paar Schritte etwas langsamer und dann fiel ihm auf, daß sich überall auf der Straße große Wasserpfützen gebildet hatten. Und was denkt ihr, was Klaus dann machte?

Natürlich, er hüpft über alle Pfützen, und weil er heute seine alten Schuhe anhatte, sprang er auch schon einmal mit beiden Füßen mitten in die Pfützen hinein, so daß das Wasser nach allen Seiten wegspritzte.

Wie an jedem Morgen war Klaus Fröhlich aber nicht der einzige Zeitungsbote, der schon so früh unterwegs war. Und wie immer traf er seinen Kollegen, Herrn Knurzig, der einen anderen Zustellbezirk hat, an der großen Kreuzung. Die beiden mochten sich nicht besonders gern leiden und als Herr Knurzig unseren Klaus Fröhlich hinterlistig mit dem Wasser aus einer Pfütze naßspritzte, ließ der sich natürlich nicht lange bitten. Was Knurzig kann, kann Fröhlich auch. Und schon war eine wilde Wasserschlacht im Gange. Aus allen Pfützen wurde so lange Wasser verspritzt, bis sie fast leer waren.

Völlig durchnäßt und schmutzig schauten sich die beiden nach einer Weile an und fingen plötzlich laut an zu lachen. „Mensch, wie siehst du denn aus!" brüllte Herr Knurzig und Klaus Fröhlich antwortete: „Ja meinst du vielleicht, du wärst sauberer als ich!"

Sie wußten beide, daß sie sich so nicht zu den Zeitungskunden trauen konnten und begannen, sich gegenseitig den Matsch aus den Haaren, von Armen und Beinen, von Bauch und Rücken und von den Schuhen zu putzen. Und weil sie keinen Lappen und auch kein altes Handtuch hatten, nahmen sie dafür eine Zeitung.

Bald waren beide wieder einigermaßen sauber und konnten sich unter die Leute wagen. Nur die Zeitung, mit der sie sich eben gesäubert hatten, war als Zeitung nicht mehr zu gebrauchen. Klaus kam auf die gute Idee, sie so zusammenzuknüllen, daß daraus ein Ball wird und Herr Knurzig machte es ihm gleich nach.

Ja, und an diesem Morgen haben sie nicht mehr daran gedacht, ihre Zeitungen auszutragen sondern haben so lange mit den Bällen gespielt, bis sie völlig erschöpft waren und auch keine Lust mehr zum Werfen und Fangen, zum Kullern und Fußballspielen hatten.

Aber das tollste ist, daß die beiden jetzt wirklich gute Freunde geworden sind, Klaus Fröhlich jetzt „Gustav" zu Herrn Knurzig sagt und beide sich jeden Morgen freuen, wenn sie sich an der Kreuzung treffen.

Spiel- und Bewegungsaufgaben mit Teppichfliesen

Thema: Winter
Material: Für jedes Kind 2 Teppichfliesen

Seit einigen Tagen ist es bitterkalt und nachts hatten wir regelmäßig starken Frost. Ich glaube, wir können es wagen, einmal hinauszugehen zum großen Baggersee. Der ist mit Sicherheit jetzt so dick zugefroren, daß wir uns auf das Eis wagen können.

Gut, daß ihr alle Eure Schlittschuhe mitgebracht habt, da können wir uns gleich auf den Weg machen. Aber seid bitte ganz vorsichtig, wenn ihr hinausgeht, denn ich glaube, gerade ist ein Eisregen niedergegangen und hat die Straße zum Baggersee in eine spiegelglatte Fläche

verwandelt. Da ziehen wir uns unsere Schlittschuhe am besten gleich an.

Es ist ganz normal, daß wir uns erst einmal wieder an dieses Fortbewegungsmittel gewöhnen müssen, schließlich standen sie ja den ganzen Sommer über im Keller. Seht ihr, mit der Zeit und ein wenig Übung geht es immer besser.

Meint ihr nicht auch, daß es lustig ist, wenn wir mit den Schlittschuhen hier auf der Straße, auf der bei dem Glatteis ohnehin kein Auto unterwegs ist, Nachlaufen und Fangen spielen? Gut! Wer sind die beiden ersten Fänger?

Nun ist es aber genug mit der Rennerei, ich bin ja ganz aus der Puste geraten. Laßt uns weiterlaufen zum See, sonst kommen wir dort erst an, wenn es schon dunkel wird.

Es ist jetzt gar nicht mehr weit, denn ich kann den zugefrorenen See schon sehen. Aber schaut einmal, das was in der Stadt als Eisregen herunterkam, ist hier als Schnee gefallen. Er wurde vom Wind zu vielen kleinen Schneeflecken zusammengepustet. Schön sieht das aus, deshalb wollen wir zuerst einmal um alle Schneeflächen herumlaufen.

Ich bin sicher, daß ihr auch darüberlaufen oder sogar -springen könnt.

Sucht euch doch jeder einmal einen Schneeflecken und probiert aus, wieviele verschiedene Möglichkeiten es gibt, hinüberzuspringen.

Irgendwie reizt es ja doch, auch einmal auf dem Schnee zu laufen. Also, ab jetzt darf man nur noch auf Schnee treten. Und wie man von einem Schneefleck zum anderen kommt, dafür gibt es auch wieder viele verschiedene Lösungen.

Natürlich waren wir nicht die einzigen, die auf die Idee gekommen sind, zum Baggersee zu gehen. Aber seht doch einmal, was die anderen Kinder erfunden haben: Sie schieben und ziehen sich gegenseitig auf Schlitten über den See. Wir probieren einfach einmal aus, ob wir das auch können und ob wir noch andere Ideen haben. Zum Beispiel muß man nicht zwangsläufig auf dem Popo sitzen, wenn man Schlitten fährt, wir haben ja schließlich noch andere Körperteile.

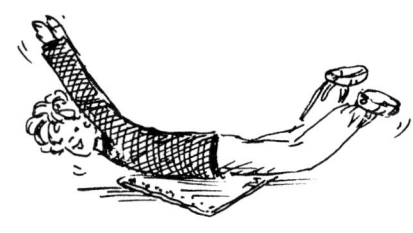

Nun geht unser schöner Ausflug zum Baggersee bald zu Ende. Doch bevor wir nach Hause gehen, habe ich noch eine tolle Überraschung für euch: Wir wollen jeweils zwei Pferde vor unsere Schlitten spannen, die sollen uns dann in wilder Fahrt durch die Landschaft ziehen.

Natürlich möchte jeder von euch einmal im Zweispänner fahren, weil es aber nicht genug Fahrzeuge für alle gibt, müßt ihr euch halt abwechseln.

Jetzt ist aber endgültig Feierabend. Wir müssen heim und ich schlage vor, daß jeder von euch mit dem „Fahrzeug" nach Hause fährt, das ihm am besten gefallen hat. Und wenn ihr wollt, könnt ihr unterwegs auch noch einmal umsteigen.

Spiel- und Bewegungsaufgaben mit dem Gymnastikstab

Thema: Hänschens Abenteuer
Material: 1 Stab für jedes Kind

Wer von euch hat schon einmal vom kleinen Hänschen gehört? Ja genau, das ist der kleine Junge, der von zu Hause verschwand, um in die weite Welt zu gehen.

Nun denkt euch nur, dieses kleine Hänschen habe ich letzte Woche getroffen. Plötzlich stand er vor mir, und da ich schon immer einmal wissen wollte, was er denn so alles erlebt hat auf seinem großen Ausflug, habe ich ihn gefragt, ob er nicht mit mir kommen und mir seine Geschichte erzählen wollte. Nach kurzem Überlegen hat er meine Hand genommen und ist mitgegangen.

Ja, und dann hat er geplappert und erzählt, daß es eine Freude war, ihm zuzuhören:

„Immer hat mir meine Mami von der großen weiten Welt erzählt, und ich konnte mir gar nicht vorstellen, daß hinter dem Berg auch noch ein Berg sein sollte. Schließlich habe ich mich kurz entschlossen, die Sache einmal genauer zu untersuchen. Ich nahm Opas Spazierstock und ging einfach los. So wie ich es bei Opa gesehen hatte, klopfte ich dabei mit dem Stock immer fest auf die Erde.

Das machte einen höllischen Lärm und ich dachte, du mußt etwas leiser sein, sonst hört es die Mami und fängt mich bald ein. Ich nahm meinem Stock unter den Arm und ging weiter.

Ich war wirklich noch nicht weit gekommen, als mich ein Junge, der etwa genauso alt war wie ich, ansprach und fragte, ob wir beide nicht zusammen auf Entdeckungsreise gehen wollten. Eigentlich war mir das sehr recht, denn ein wenig Angst hatte ich schon. Der Junge hieß übrigens Franz.

Es dauerte nicht lange, bis wir in einen Wald kam. Hier hatte das letzte Unwetter gewütet, viele viele dicke Stämme lagen auf den Wegen und wir mußten einer nach dem anderen darüberspringen, um weiterzukommen.

Manche Äste hingen ganz tief herunter, so daß wir uns ganz klein machen mußten, um darunter durchzukriechen.

Als wir diesen Wald endlich durchquert hatten, befanden wir uns auf einer Wiese, hier konnten wir toben und rennen, ausgelassen hüpfen und springen.

Wir hatten keine Ahnung, daß diese herrliche Wiese eigentlich ein Sumpf war. Plötzlich hörte ich einen jämmerlichen Schrei. Schnell rannte ich in die Richtung aus der dieser Schrei kam und sah die Bescherung: Franz war schon bis zum Bauch im Schlamm verschwunden. Zum Glück hatte ich ja meinen Stock dabei und konnte ihn mit großer Mühe aus dem Morast herausziehen.

Aber das war uns eine Lehre. Von nun ab versuchten wir, nur noch auf den Wegen zu gehen und nicht mehr querfeldein. Schon bald kamen wir an ein großes Wasser. Wir setzten uns in die dort herumstehenden Ruderboote und paddelten los.

Das war ziemlich anstrengend, ich weiß auch nicht, wieviel Tage es gedauert hat, bis wir am anderen Ufer angekommen sind, auf jeden Fall waren wir danach sehr erschöpft und müde. Als wir uns etwas erholt hatten, schauten wir uns in der neuen Umgebung erst einmal ein wenig um.

Vor uns stand ein geheimnisvolles Haus. Wir stiegen die steilen Treppen hinauf...

...und standen vor einer Drehtür. Es machte Spaß immer auf der einen Seite in die Drehtür hineinzugehen und auf der anderen wieder heraus.

Nun wollten wir aber auch wissen, was in dem Haus war. Ganz, ganz viele niedrige Türen gab es dort und wir probierten sie alle aus.

Hinter einer Tür muß wohl irgendein Wesen gestanden haben, das unbedingt unseren Stock haben wollte. Auf jeden Fall zog dieses Wesen an einem Ende und wir an dem anderen. Was glaubt ihr wohl, wer gewonnen hat?

Wir waren die großen Sieger und schoben mit unserem Stock das Wesen bis in die hinterste Ecke des geheimnisvollen Hauses.

Obwohl wir das Ungeheuer besiegt hatten, war uns doch nicht ganz wohl in unserer Haut, deshalb stiegen wir schnell die vielen Stufen wieder herunter, verließen das Haus und gingen weiter.

Nach einer ewig langen Zeit kamen wir wieder in bewohntes Gebiet. Als wir die ersten Menschen sahen, merkten wir, daß wir doch ein wenig Heimweh bekommen hatten. Deshalb fragten wir die Leute, wie wir am besten wieder nach Hause kommen könnten. „Oh, da nehmt ihr am besten das kleine Flugzeug, dann seid ihr ganz schnell wieder daheim," rieten sie uns.

Das ließen wir uns nicht zweimal sagen, wir stiegen ein und segelten nach Hause. Ja, und was dort passierte kannst du dir ja denken."

Spiel- und Bewegungsaufgaben mit Alltagsmaterial

Thema: Ein Besuch im Krankenhaus
Material: 1 Handtuch und 1 Luftballon für jedes Kind

Heute müssen wir unbedingt den kleinen Philipp im Krankenhaus besuchen. Er ist in der letzten Woche auf dem Spielplatz hingefallen und hat sich eine leichte Gehirnerschütterung zugezogen. Doch bevor wir uns auf den Weg machen, wollen wir noch fix die Wohnung aufräumen und ein wenig saubermachen.

Laßt uns hier in dem großen Wohnzimmer mit unserem Riesenstaubtuch alles abwischen, was dort herumsteht.

Hoppla, da haben wir aber eine Menge Staub aufgewirbelt, der sich bis an die Decke verteilt hat. Wir wollen versuchen, mit unseren Tüchern diesen Staub von oben herunterzuholen.

Nun stehen hier auch noch einige Möbelstücke (Kinder) herum, denen es auch guttun würde, wenn wir sie uns einmal gründlich vornehmen würden.

Zuletzt kommt dann noch der Fußboden dran, er muß zuerst gewischt ...und danach gewienert werden.

Findet ihr nicht auch, daß jetzt alles schön sauber ist und wir mit gutem Gewissen unseren Besuch bei Philipp im Krankenhaus machen können? Aber bis dorthin ist es ein ziemlich weiter Weg, und weil wir heute soo fleißig waren, gönnen wir uns ein ganz besonderes Verkehrsmittel: Wir fliegen mit dem Hubschrauber.

Dort unten, schaut doch einmal genau hin, sehe ich den Hubschrauberlandeplatz, da wollen wir landen.

Über eine Treppe erreichen wir die Kinderstation, wo wir in einem der vielen Zimmer endlich auch unseren Philipp (Luftballon aufblasen und zuknoten) finden. „He, alter Freund, wie geht es dir denn?" - „Och, eigentlich ganz gut, mir ist nur so schrecklich langweilig!"

„Ja, da können wir doch helfen. Weißt du was, Philipp, wir fahren dich mit deinem Krankenbett ein wenig auf dem Flur spazieren."

Dann nehmen wir den Fahrstuhl und fahren ein wenig rauf und runter.

Ganz zufällig stehen wir auf einmal vor dem Gymnastikraum des Krankenhauses. Es bleibt uns nichts anderes übrig, als mitzumachen, denn sonst fällt es doch sofort auf, daß wir unerlaubterweise einen Kranken „entführt" haben. Die Krankengymnastin möchte, daß die Kranken leichte Hüpfbewegungen machen, die dann immer und immer höher werden. Natürlich muß man sehr gut aufpassen, daß kein Patient aus dem Bett herausfällt.

Den Patienten scheint es gar nicht schlecht zu gehen, denn plötzlich wollen sie miteinander die Betten tauschen.

Endlich sind die armen Patienten völlig erschöpft und müssen von uns wieder vorsichtig mit ihren Betten in die Krankenzimmer gebracht werden.

Philipp sagt noch, daß er noch nie einen solch tollen Tag im Krankenhaus erlebt hat, doch jetzt will er sich ausruhen und schläft auch bald ein. Wir müssen nun nach Hause, aber wie? Mit dem Auto, der Straßenbahn oder der Eisenbahn? Nun, das Verkehrsmittel darf sich jeder selbst aussuchen, paßt nur auf, daß ihr euch nicht verirrt!

Kleingeräte und Alltagsmaterialien

Bälle, Reifen, Stäbe und Seile sind aus den Turnstunden der Kleinkinder gar nicht wegzudenken. Mit ihrem hohen Aufforderungscharakter sprechen diese **Kleingeräte** für sich; ohne besondere Weisung beschäftigen sich die Kinder mit ihnen und entdecken ihre vielfältigen Verwendungsmöglichkeiten. Dabei erfüllen diese Geräte wichtige Funktionen, so helfen sie zum Beispiel Fähigkeiten wie Koordination, Antizipation, Gewandtheit und Geschicklichkeit zu entwickeln, sie sind ein wichtiges Instrument, um soziale und kognitive Ziele anzulegen oder weiterzuentwickeln, mit ihnen werden gemeinsame Spiele gefördert und alle Kinder einer Gruppe miteinander verbunden.

Inzwischen ist es wohl überall selbstverständlich, den Grundstock an Kleingeräten in den Turnhallen durch **Alltagsmaterialien** zu ergänzen. Für die Verwendung dieser ungewöhnlichen Kleingeräte spricht eine Vielzahl von Argumenten:

- sie sind den Kindern bekannt
- sie können und sollten von den Kindern selbst mitgebracht werden
- sie fördern Phantasie und Kreativität
- sie haben die unterschiedlichsten Materialstrukturen
- sie ermöglichen Bewegungsvielfalt
- sie bringen Abwechslung in die Stunden
- sie kosten oft nichts und schließlich
- **Mit ihnen kann zu Hause weitergespielt werden.**

Wie bringt die Übungsleiterin Kleingeräte in die Turnstunde ein?

Es gibt zwei herausragende Methoden, die sich beim Spielen und Bewegen mit Kleingeräten geradezu aufdrängen. Dies ist zum einen die **Bewegungsgeschichte** (siehe Seiten 33 bis 52) und zum anderen die **Bewegungsaufgabe.** Dies sind Aufgaben, die so formuliert werden, daß sie den Kindern einen großen Freiraum für individuelle Lösungen lassen und zu vielen unterschiedlichen und selten falschen Handlungen führen, die nicht vereinheitlicht werden müssen. Besonders gelungene und/oder phantasievolle Ergebnisse können jedoch der gesamten Gruppe vorgestellt und zum Nachmachen empfohlen werden.

Die Übungsleiterin muß ein Gefühl dafür entwickeln, wieviel Zeit sie den Kindern nach dem Stellen einer Bewegungsaufgabe einräumen muß, damit diese ihre Bewegungsfreude ausleben können. Oft dauert es einige Zeit, bis die Kinder beginnen zu experimentieren. Es wäre schade, wenn durch das Bestreben der Übungsleiterin, möglichst viel Stoff in die Stunde einzubringen, die Kinder immer wieder mit neuen Aufgaben konfrontiert würden, ohne die Chance zu erhalten, ihre vorherigen Ideen ausprobieren zu können. Besonders durch die Kinder, die sehr schnell mit der Lösung einer Bewegungsaufgabe fertig sind und herumstehen, um auf eine neue Anregung zu warten, fühlt sie sich oft veranlaßt, neue Impulse zu geben. Diese Kinder sollte die Übungsleiterin durch gezielte zusätzliche Anregungen zu einer längeren Beschäftigung mit der gestellten Aufgabe ermutigen. Bei Aufgaben, die partnerschaftlich von zwei oder mehr Kindern zu lösen sind, können solche Kinder gut integriert und ihr „Konsumverhalten" langsam zu phantsievollem Mitspielen geführt werden.

Bei den in diesem Kapitel beschriebenen Bewegungsaufgaben zu Kleingeräten und Alltagsmaterialien sind Möglichkeiten zur Umsetzung aufgeführt. Sie dienen ausschließlich dazu, das Repertoire der Übungsleiterin zu bereichern und sie dadurch in die Lage zu versetzen, die Kinder durch gezielte Fragestellungen und Anregungen zu neuen Ideen zu führen.

Bewegungsaufgaben mit Springseilen

Material: Für jeweils 2 Kinder ein Seil

Ein Kind erfaßt ein Ende und läuft mit dem Seil davon, wie kann das andere Kind das Seil fangen?

Auf das Ende des Seils treten, mit beiden Füßen daraufspringen, es mit einer Hand erfassen

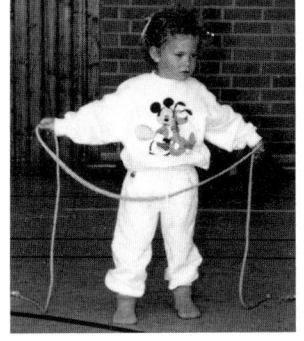

Versucht Möglichkeiten zu finden, wie man ein Seil überwinden kann, wenn euer Partner sich vorbeugt und das Seil vor seinem Körper spannt:

Seil vorwärts, rückwärts, seitwärts, auf allen Vieren überklettern.
Seil überspringen, hockwenden, von hinten durch die Beine kriechen und dann das Seil übersteigen

Man kann das Seil auch zu zweit übersteigen, wenn jeder an einem Ende festhält:

Beide Kinder fassen das Seil an je einem Ende, nacheinander oder gleichzeitig steigen sie nach innen über das Seil

Legt das Seil auf den Boden. Wie könnt ihr von einem Ende zum anderen kommen?

a) *hintereinander: vorwärts, rückwärts, seitwärts mit Nachstellschritt oder Überstellschritt, mit Drehungen, mit „Gänsefüßchen", auf Zehenspitzen, auf allen Vieren*
b) *von den gegenüberliegenden Enden: alle Fortbewegungsarten wie vor, dabei beim Aufeinandertreffen aneinander vorbeiwinden*
c) *ein Kind stellt sich mit gegrätschten Beinen über das Seil oder macht einen hohen Liegestütz, das andere kriecht auf allen Vieren unter dem Hindernis durch*

Einer von euch soll den anderen mit dem Seil ziehen, wie kann das gehen?

Mit dem Seil Tauziehen,
Kind A faßt das unter den Armen von Kind B durchgeführte Seil, B geht in die tiefe Hocke, in den Strecksitz, in die Bauchlage, in die Rückenlage und läßt sich ziehen,

Kind A liegt in der Bauchlage auf dem Boden, zieht sich entlang dem von B gehaltenen Seil vorwärts

Es gibt viele verschiedene Möglichkeiten, über das am Boden liegende Seil zu springen. Probiert alle aus, die euch einfallen!

Laufsprung, Schlußsprung vorwärts/rückwärts, Strecksprung, Hocksprung, Hockwende, Wechselsprünge, Pferdchensprung, Drehsprung

Vier Kinder mit zwei Springseilen

Zwei Seile werden zu einem Kreuz übereinandergelegt, welche neuen Hüpfmöglichkeiten ergeben sich dadurch?

Sprünge wie vor, Sprünge mit Drehungen von 90 bis 360 Grad

Zwei Kinder halten die Seile so, daß ein mehr oder weniger breiter Graben entsteht. Was passiert an und in diesem Graben? Was befindet sich in diesem Graben?

Die beiden anderen Kinder laufen durch den Graben, springen auf verschiedene Arten darüber, wälzen sich im „Matsch", bewerfen sich pantomimisch mit Matschkugeln, beschmieren sich gegenseitig, stapfen, patschen, schwimmen im „Wasser", bespritzen sich damit. Schwieriger wird es, den Graben zu überwinden, wenn die Kinder, die die Seile halten, sich damit vorwärts oder seitwärts bewegen (Rollentausch)

Die ganze Gruppe und viele Springseile

Das Spinnennetz:

Die Seile werden von der Hälfte der Gruppe durch Festhalten an den Enden kreuz und quer über- und durcheinandergespannt, so daß ein Netz entsteht.
Achtung, die Fäden sind sehr dünn und können leicht zerbrechen. Könnt ihr euch trotzdem darin bewegen?

Die zweite Hälfte der Kinder bewegt sich vorsichtig im Netz, kriecht unter, steigt oder hüpft über die gespannten Fäden.
Fangen spielen

Die Spinne:

Es werden etwa 8 Seilenden miteinander verknotet. Der dicke Knoten ist die Mitte, je zwei freihängende Seilenden werden von 4 Kindern gefaßt und dabei gespannt. Was machen wir mit der Spinne, und was passiert, wenn die Spinne sich langsam vorwärts, rückwärts oder seitwärts bewegt?

Die übrigen Kinder steigen über die Spinnenbeine, kriechen durch, hüpfen usw.

Zebrastreifen:

Die Seile werden wie bei einem Zebrastreifen hintereinandergelegt. Der Abstand zwischen den Seilen soll so bemessen sein, daß es bei den Kindern zu einem rhythmischen Bewegungsablauf kommen kann. Der Verkehr kann auf unterschiedliche Weise geregelt werden:

a) Mit einem roten oder grünen Tuch zeigt die Übungsleiterin an, ob man über den Zebrastreifen gehen darf.

b) Ein Bohnensäckchen, auf der einen Seite mit rotem, auf der anderen mit grünem Papier beklebt, kann von den Kindern geworfen werden. Die nach der Landung oben liegende Farbe zeigt an, ob der Zebrastreifen frei ist.

c) Mit einem Druck auf den Bauch der Übungsleiterin kann die Ampel zur Bedarfsampel umfunktioniert werden. Die Übungsleiterin wird durch das Verändern ihrer Körperhaltung zum „Steh- oder Gehmännchen".

Wie kann man von einer Straßenseite zur anderen kommen?
Wie sieht ein Zebrastreifen für Riesen, wie einer für Zwerge aus?
Welche Tiere überqueren den Zebrastreifen?

Alle Bälle sind rund

Material: Unterschiedliche Bälle, 1 Zauberschnur, einige Zeitungen, Bohnensäckchen oder Pilonen, lange Papprollen, kleine Kästen, Laufmusik

Im ersten Teil der Stunde können sich die Kinder mit unterschiedlichen Bällen vertraut machen, mit ihnen experimentieren und ihre spezifischen Eigenschaften kennenlernen. Dazu benötigen wir die kleinen Kästen oder große Kartons, die mit der offenen Seite nach oben in der Halle verteilt werden.
In einen Kasten legen wir Gymnastikbälle, in den nächsten Tennisbälle, ein anderer wird mit Softbällen gefüllt und der letzte mit Wasserbällen. (Es können natürlich auch andere und mehr Ballsorten sein.)
Insgesamt sollen sich in den Kästen mindestens so viele Bälle befinden, wie Kinder in der Gruppe sind.
Wir beginnen mit Laufmusik, zu der die Kinder um alle Kästen herumlaufen und sich schon einmal die Auswahl der verschiedenen Bälle betrachten können. Bei Musikstop suchen sich die Kinder einen Kasten aus und spielen allein oder miteinander solange mit dieser Ballart bis ein akustisches Zeichen (z.B. Triangel) die erste Spielphase beendet. Nun heißt es Aufräumen. Das bedeutet, daß jeder Ball wieder in den richtigen Kasten gelegt werden soll. Also: Nicht alles durcheinanderwerfen, sondern schön nach Ballfamilien sortieren.
Wenn alle Bälle wieder an ihrem Platz sind, setzt erneut Musik ein und es kann so lange gelaufen werden, bis der Kassettenrecorder wieder verstummt. Dann suchen sich die Kinder einen neuen Kasten und experimentieren mit einem anderen Ball.

Der Wechsel zwischen Laufen, Spielen und Aufräumen vollzieht sich so oft, wie Ballsorten vorhanden sind.

Im zweiten Teil der Stunde sollen die gesammelten Erfahrungen über die unterschiedlichen Eigenschaften der verschiedenen Bälle praktisch umgesetzt werden:

Gemeinsam mit den Kindern wird ein Ballspielplatz gebaut. Es entstehen Stationen, die auf unterschiedliche Lernziele ausgerichtet sind, nämlich für zielgerichtetes Werfen und Rollen, für das Balancieren und Antizipieren von Bällen.

Die Auswahl der Bälle für die einzelnen Stationen soll von den Kindern getroffen werden, die Übungsleiterin sollte sich nach Möglichkeit nicht einmischen. Die Kinder merken bald selbst, daß man mit einem Wasserball nur sehr schlecht Keulen umwerfen kann und ein Gymnastikball für kleine Kinderhände zu groß und zu schwer ist, um damit durch einen aufgehängten oder hochgehaltenen Reifen zu zielen und daß nur ein kleiner Ball durch eine Papprolle paßt.

Mögliche Stationen:

Kullerbahn aus zwei Bänken, die an einen niedrigen Kasten oder an die Sprossenwand gelegt werden.

Zielen auf aufgestellte Keulen.

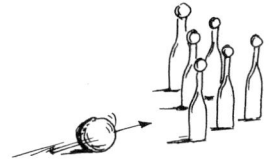

Rollen im Slalom um Pilonen (Keulen, Bohnensäckchen o. ä.).

 Zielen auf Wäschestücke (Zeitungen), die über einer Leine (Zauberschnur) hängen.

 Aus Seilen einen verzweigten und verwinkelten Weg legen. Ball auf dem Weg rollen.

 Bälle auf einem Tablett (Frisbee-Scheibe) über eine Hindernisstrecke tragen.

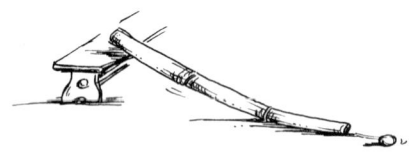 Ball durch schräg aufgelegte Papprollen (Architektenrollen) kullern und auffangen.

Bewegungsspiele mit Briefumschlägen und Tischtennisbällen

Material: Für jedes Kind einen dickeren Briefumschlag DIN A 5 (gebraucht) und eine größere Anzahl von Tischtennisbällen

Ein Briefträger hat die Briefe immer in einer großen Tasche, wir haben aber viel bessere Ideen, wie man einen Brief austragen kann und außerdem können wir noch dazu singen:

Lied: Der Briefträger kommt... (siehe S. 129)

Die Briefumschläge auf dem Kopf, dem Arm, der Schulter, dem Rücken balancieren, zwischen die Beine klemmen, zu zweit zwischen den Körpern einklemmen

Dem Briefträger ist es nicht erlaubt, die Briefe im hohen Bogen in die Briefkästen zu werfen, wir aber dürfen das:

Die Briefumschläge hochwerfen, weitwerfen, in Ziele werfen, flattern lassen

Natürlich darf der Briefträger auch keine Briefe knicken, wir wollen uns aber daraus kleine Häuser falten und schauen, was man damit machen kann:

Die Briefumschläge in der Mitte knicken und auf den Boden stellen. Sie umlaufen, überspringen, hindurchschauen, sich durch die Hohlräume die Hände reichen, die Häuser vorwärtspusten, zu Straßen zusammenschieben, durch die Straßen laufen und mit dem Auto fahren

Wir finden Tischtennisbälle und benutzen unsere Briefumschläge zum Ballspielen:

Tischtennisbälle mit dem Umschlag zurollen, Rückschlagspiel, Bälle im Umschlag auffangen

Und zum Schluß bauen wir mit den Briefumschlägen noch Spielstationen wie Tunnel, Labyrinth, schiefe Ebene, Wurfziele, Kullerbahn, Türme zum Umwerfen.

Die Zauberschnur

Material: Je nach Größe der Gruppe eine oder zwei Zauberschnüre

Kinder können immer wieder darüber staunen, wie aus einem kleinen Kreis ein ganz großer wird:
Wir schließen die Zauberschnur zu einem Kreis und fassen alle mit beiden Händen an. Nun wollen wir testen, wie groß und auch wie klein dieser Kreis werden kann.

Alle gehen mit kleinen Schritten rückwärts und ziehen die Schnur gemeinsam weit auseinander. Auf ein Zeichen laufen alle ganz schnell wieder zur Mitte.

Wir haben einen Zauberluftballon. Zur bildhaften Vorstellung kann die Geschichte vom aufzublasenden Luftballon erzählt werden.

Alle pusten kräftig, bei jedem Pusten wird die Zauberschnur etwas mehr gedehnt, anschließend wird die Luft nur teilweise oder auch ganz wieder herausgelassen.

Der Luftballon kann hoch oben in der Luft schweben oder ganz unten auf der Erde liegen.
Dort unten hüpft er auf und nieder.

Zauberschnur hoch über dem Kopf gespannt halten und dann in die Hocke gehen, die Schnur bis zur Erde absenken

Wollen wir einmal ausprobieren, wie ein Luftballon Beulen bekommt?

Die Hälfte der Kinder hält die Schnur hinter ihrem Rücken, die anderen Kinder versuchen, gegen den Widerstand des Gummibandes in die Kreismitte zu laufen

Wißt ihr, daß sich diese Schnur auch zum Karussellfahren eignet?

Mit der rechten (linken) Hand an der Schnur im Kreis gehen, laufen oder hüpfen, vorwärts und rückwärts, Karussellfahren, zuerst langsam und dann immer schneller drehen

Dazu paßt das Lied: Auf einer grünen Wiese, da steht ein Karussell oder der Sprechreim: Langsam, langsam fängt es an (siehe S. 125).

Kann man während der Fahrt umsteigen und immer wieder Platz nehmen?

Einige vorher bestimmte Kinder laufen schneller, überholen und fassen immer wieder in den Lücken an der Zauberschnur an

Es gibt Kinderkarussells mit Pferden und solche mit Autos. Fallen euch noch andere ein?

Die Fortbewegungsart und -geschwindigkeit entsprechend dem gemeinsam ausgesuchten Karussell wählen

Wir wollen nun einmal ausprobieren, wie ihr euch in dem Zauberschnurkreis noch bewegen könnt:

Einige Kinder spannen den Zauberschnurkreis niedrig über dem Boden. Die anderen Kinder gehen, laufen, hüpfen über die Schnur in den Kreis hinein und wieder heraus, wenn die Schnur etwas höher gehalten wird, können die Kinder unter der Schnur durchkriechen. Anschließend werden die Rollen getauscht.

Wer hat eine Idee, wie man einen Zickzack-Zaun bauen kann?

Einige Kinder halten die Schnur in Hüfthöhe, die übrigen Kinder stellen sich mit beiden Füßen auf die Schnur, so daß ein Zickzack entsteht. Mit einem Sprung nach vorn oder nach hinten verlassen die Kinder die Schnur, die dann wieder in die Ausgangshöhe flutscht. Nach einigen Versuchen werden die Rollen getauscht.
Achtung: Schnur nicht zu stramm spannen!

Das Fernsehen sendet gleich ein tolles Kinderprogramm, wir wollen es uns auf dem Bauch liegend ansehen:

In der Bauchlage fassen alle Kinder die Schnur mit beiden Händen und versuchen, unter ihr hindurchzuschauen, ohne die Ellenbogen auf die Erde zu stützen

Wir wollen nun den Kreis, den wir vor uns haben, einmal herumwandern lassen:

Die Kinder liegen in der Bauchlage. Die Schnur wird so lange nach rechts oder links weitergegeben bis der Knoten wieder am Ausgangspunkt angelangt ist

Das Sitz-Auf-Männchen

Aus dem Sitz legen sich alle langsam auf den Rücken, dabei wird die Schnur mit beiden Händen gefaßt.
Wer kann wieder aufsitzen, ohne die Hände von der Schnur zu lösen?
Kann man in der Rückenlage die Füße hinter dem Kopf auf den Boden tippen?

Der Fenstersprung

Wir könnt ihr durch dieses Fenster hindurchkommen?
(Ein Kind hilft der Übungsleiterin, die zusammengeknotete Schnur so zu halten, daß ein großes Fenster entsteht)

Durch das Fenster hindurchkrabbeln, -laufen oder -springen, einbeinhüpfen, rollen .

Die Schlange

Versucht doch einmal, über die Riesenschlange zu hüpfen!
(Die Zauberschnur wird von 2 Personen auf dem Boden senkrecht und/oder waagerecht geschlängelt)

Alle Kinder versuchen, von einer Hallenwand zur anderen zu laufen und dabei über die Schlange zu springen, ohne sie zu berühren.

Die Eisenbahn

Nun wollen wir noch mit der Eisenbahn fahren, z. B. zum Lied: Die Eisenbahn, die Eisenbahn, die fährt von Köln nach Hagen (siehe Seite 127).

Flöhe hüten

Mit der Zauberschnur wird ein großer Kreis auf den Hallenboden gelegt. Alle Kinder (Flöhe) laufen und hüpfen im Kreis. So oft sie wollen hüpfen sie kurz heraus, passen aber auf, daß sie nicht von den 5 oder 6 Flohhütern gefangen werden, die außerhalb des Kreises aufpassen, daß niemand entwischt.

Das Tipp-Spiel

Die Kinder stehen auf der Kreislinie und halten eine zusammengebundene Zauberschnur hüfthoch in den Händen.
Ein Kind steht im Kreis und bemüht sich, Hände an der Zauberschnur anzutippen. Die anderen versuchen, die Berührung zu verhindern, indem sie die Hände schnell wegziehen. Gelingt das Antippen, werden die Rollen getauscht.
Bei diesem Spiel ist besonders wichtig, daß mindestens vier Kinder, die besonders gekennzeichnet werden, die Schnur auf keinen Fall loslassen dürfen, damit diese nicht wegschnappt und Kinder verletzt werden. Die besonders gekennzeichneten Kinder dürfen nicht getippt werden.

Bewegungsspiele mit der Plastikfolie

Material: Für etwa 20 Kinder eine Tapezierfolie von ca. 20 qm, festere Qualität (in Fachgeschäften und Baumärkten erhältlich).
Alternativ kann auch ein Schwungtuch, ein Fallschirm oder ein großes Tuch aus glattem, leichtem Material verwendet werden.

Wenn wir alle behutsam an die dünne Folie fassen und sie ausbreiten, entsteht eine große Fläche.
Wie können wir auf dieser Fläche ganz kleine Wellenbewegungen erzeugen?

Unter die Folie pusten, ganz leichte Auf- und Abwärtsbewegungen machen

Mit mehr Schwung werden die Wellen höher.

Die Folie mit großen Armbewegungen auf- und abschwingen

Die Folie kann nicht nur auf- und abbewegt werden, sondern auch hin und her.

Die Folie hin- und hertragen, mit ihr im Kreis herumlaufen

Wie können wir verabreden, daß nur einige Kinder unter der Plane durchkriechen?

Die Kinder von gegenüberliegenden Seiten tauschen die Plätze, alle Kinder mit blauen T-Shirts tauschen die Plätze, dabei wird die Folie wenig angehoben und gespannt

Wenn wir die Folie gemeinsam hochschwingen, entsteht ein Dach, was können wir darunter tun?

Darunter durchlaufen, sich zudecken lassen, gemeinsam die Folie hinter den Körper führen (Höhle)

Nun stellen wir uns vor, diese Folie wäre ein Aquarium. Wir setzen einige Fische (ausgeschnitten aus Fotokarton) ins Wasser. Was sollen diese Fische jetzt tun?

Fische hin- und herschwimmen lassen
Fische zu vorher bestimmten Ecken schwimmen lassen
Fische auf- und abschwimmen lassen
Fische im Wellenbad

Fische füttern (kleine Luftballons oder Bälle hineingeben)
Futter und Fische herausfliegen lassen und schnell wieder in das Aquarium zurückbringen

Handtücher in der Turnhalle

Material: Für jedes Kind ein altes Frottéhandtuch und einen Luftballon

Anmerkung: Viele der Bewegungsaufgaben können auch mit Staubtüchern und Teppichfliesen gelöst werden

Stellt euch einmal vor, ihr wärt hier für die Sauberkeit der Turnhalle verantwortlich, was müßtet ihr dann alles tun?

Abwischen aller in der Halle stehenden Geräte, der Fenster und Wände, Decke abstauben, dabei Handtücher hoch in die Luft werfen und wieder auffangen
Handtuch kräftig ausschütteln, mit dem rechten, linken Arm, mit beiden Armen
Möbel (andere Kinder) abstauben

Den Boden wischen: *Im Kniesitz das Handtuch weit nach vorn, im Halbkreis nach rechts und links schieben,*

staubsaugen: *Hände, Unterarme auf das Tuch legen, sich mit den Füßen vorwärtsschieben und dabei vorwärts und rückwärts fortbewegen*

bohnern: *Mit einem Fuß auf dem Handtuch stehen und sich mit dem anderen Fuß abstoßen*

Die Handtücher liegen ausgebreitet und gleichmäßig verteilt in der Turnhalle. Welche Bewegungsmöglichkeiten fallen euch dabei ein?

Im Slalom um die Handtücher herumlaufen
Die Tücher überlaufen, überspringen
Von Tuch zu Tuch laufen, springen
Die Tücher mit dem Fuß wegschieben

Wir können die Handtücher benutzen, um verschiedene Sportgeräte oder Fahrzeuge darzustellen:

Roller:	*Ein Fuß steht auf dem Handtuch, der andere schiebt vorwärts*
Rollschuhe:	*Beide Füße stehen auf je einem Handtuch und rutschen vorwärts*
Ruderboot:	*Auf das Handtuch setzen, mit den Füßen abstoßen oder den Körper heranziehen*
Fahrrad:	*Auf den Rücken legen und fahrradfahren, Handtuch dabei als Lenkstange benutzen*
Schlitten:	*Ein Kind hockt auf einem Handtuch, ein oder zwei andere Kinder fassen es an den Händen und ziehen es vorwärts oder benutzen ein Seil als Ziehhilfe*
Hubschrauber:	*Handtücher über dem Kopf kreisen lassen*
Eisenbahn, Straßenbahn:	*Handtücher als Verbindungen verwenden, kurze oder lange Züge bilden evtl. farbig sortiert*

Wie können wir mit unseren nackten Füßen unter dem Handtuch Theater spielen?

Die Füße unter dem Handtuch verstecken
Das Handtuch mit den Zehen anheben, winken
Einen Fuß mit dem anderen zudecken
Der große Zeh macht eine Beule ins Handtuch und wackelt hin und her
Die Füße schauen unter dem Handtuch hervor und winken
Die Füße sagen sich unter dem Handtuch „Guten Tag".

Handtücher in Kombination mit Luftballons

Kann man den Luftballon von der Stelle bewegen, wenn man nur das Handtuch benutzt?

Mit dem Handtuch den Luftballon vorwärts/rückwärtswedeln, -treiben
Den Ballon auf das Handtuch legen und vorsichtig ziehen

Zwei Kinder halten ein Handtuch mit beiden Händen fest, spannen es und legen einen Ballon darauf.

Das Handtuch mit dem Ballon vorsichtig nach oben und unten führen
Den Ballon hüpfen lassen
Den Ballon hochwerfen und fangen
Zwei Paare spielen sich mit den gespannten Handtüchern den Luftballon zu

Das Taschentuch

Material: Für jedes Kind ein Herrentaschentuch
              alte Zeitungen, Geschenkband, Kreppstreifen

Ein Schnupfen ist bei vielen kleinen Leuten gar nicht gern gesehen. Deshalb werden Taschentücher immer nur mit unangenehmen Dingen in Verbindung gebracht. Als ungewöhnliche Kleingeräte bringen sie Abwechslung in die Turnhalle und tragen zu neuen materialen Erfahrungen bei.
Die Übungsleiterin bittet die Kinder, ein großes Herrentaschentuch mitzubringen, für die Vergeßlichen hält sie einige Reservetaschentücher bereit.
Zuerst wollen wir die Taschentücher einmal richtig in Bewegung bringen:

Mit dem Taschentuch in der rechten und linken Hand im Stehen, beim Vorwärts- oder Rückwärtslaufen mit großen Armbewegungen tüchtig winken.

Fliegende Taschentücher fallen vom Himmel, wie kann man sie auffangen?

Das Taschentuch hochwerfen und mit verschiedenen Körperteilen auffangen (Hand, Arm, Knie, Schulter, Kopf, Rücken)

Könnt ihr das Taschentuch auch mit einem oder mehreren Freunden zusammen hochwerfen und wieder auffangen?

Die Taschentücher zur gleichen Zeit hochwerfen und das Tuch des Partners auffangen. In einer Vierergruppe alle Taschentücher zur gleichen Zeit hochwerfen, eins der vier Taschentücher schnappen

Immer wieder fallen Taschentücher auf den Boden. Wer denkt sich ulkige Bewegungen aus, wie man das Tuch wieder aufheben kann?

Hochgeworfene und zur Erde gefallene Taschentücher auf viele verschiedene und lustige Arten wieder aufheben

Nun sollt ihr viele verschiedene „Naseputz-Verrenkungen" erfinden.

Unter dem Arm durchgreifen, das Taschentuch im Stehen oder Sitzen durch die gegrätschten Beine, mit den Füßen, zusammen mit einem Partner zur Nase führen

Wie kann man das Tuch festhalten, ohne die Hände zu benutzen? Und wie kann man sich dann noch bewegen?

Das Taschentuch auf den Arm, vor den Bauch, auf die Brust legen und ganz schnell laufen, das Tuch bleibt ab einer bestimmten Geschwindigkeit auf jeder beliebigen Körperstelle kleben.
Das Tuch zwischen die Füße klemmen und in der Rückenlage damit winken.
Rückenschaukel mit einem Taschentuch zwischen beiden Füßen.
Das Tuch mit den Füßen festhalten und die Beine so hoch wie möglich zur Decke strecken.
Taschentuch mit den Füßen einklemmen, auf dem Po oder dem Bauch links und rechts herum Karussellfahren.

Die Taschentücher sind beim Spielen sehr schmutzig geworden. Sie müssen in die Waschmaschine:

Als Waschmaschine dient uns ein Reifen oder ein großer Kreis, der aus einer Zauberschnur gelegt wird.
Hier werden die Tücher gerubbelt, geschrubbt und gespült. Die Schleuderarbeit übernimmt unser Arm, der mit dem Taschentuch große Kreise vor oder neben dem Körper macht.
Durch kräftiges Pusten werden die Tücher getrocknet, anschließend gebügelt und dann zusammengefaltet.

Schließlich gestalten wir mit den Taschentüchern eine kleine musikalische Bewegungsgeschichte zur Musik
„Ku-tschi-tschi" (Fidula-Verlag, Boppard)

Zur Laufmusik rennen wir durch den Raum und winken dabei.
Zur Zählphase 1-2-3-4 schleichen wir uns, das Tuch hinter dem Rücken versteckt, an ein anderes Kind heran. Bei „Ku-tschi-tschi" holen wir es plötzlich hinter dem Rücken hervor und wedeln damit dicht vor dem Gesicht des Partners herum. Nach dem nächsten Laufteil suchen wir uns einen anderen Partner

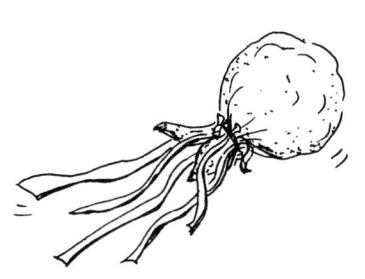

Und ganz zum Schluß werden die Taschentücher mit geknülltem Zeitungspapier gefüllt und dann mit einem Bindfaden fest zusammengebunden. In den Faden stecken wir einige bunte Kreppstreifen und erhalten so aus den Taschentüchern dekorative und attraktive Wurfgeräte, die die Kinder nach einer Erprobungszeit in der Halle mit nach Hause nehmen dürfen, um damit weiterzuspielen.

Der Gymnastikstab

Material: Für jedes Kind einen Gymnastikstab

Die Stäbe liegen verteilt am Boden.
Bewegt euch in der Turnhalle. Achtet sorgfältig darauf, daß ihr nicht auf die Stäbe tretet, weil sie leicht wegrollen und ihr dann hinfallen könnt.

Kinder gehen, laufen vorwärts und rückwärts um die Stäbe herum
Die Stäbe werden auf unterschiedliche Weise übersprungen

Die Stäbe sind rund und können rollen, aber wie?

Mit den Händen, mit den Füßen vorwärtsrollen,
Rückwärts gehen und den Stab mit den Händen, mit den Füßen rollend hinterherziehen

Überlegt einmal, wie ihr mit dem Stab kleine Kunststücke machen könnt:

Den Stab auf der flachen Hand, auf zwei Fingerspitzen balancieren, dabei vorwärts- und rückwärtsgehen
Den querliegenden Stab auf dem Rücken balancieren
Den senkrecht gehaltenen Stab loslassen und wieder fassen bevor er den Boden erreicht
In der Bauchlage den Stab mit den Unterschenkeln einklemmen, vorwärtsschlängeln
In der Bauchlage den Stab senkrecht auf den Boden stellen und mit den Händen daran auf- und abklettern

Der Stab kann Ersatz sein für ein Pferd

Den Stab zwischen die Beine nehmen und vorwärtshüpfen, -galoppieren

und für ein Paddelboot

Im Sitzen den Stab wie ein Paddel benutzen, mit dem Po vorwärtsrutschen

Wir stellen den Stab senkrecht auf den Boden. Probiert alle einmal aus, welche Bewegungen ihr jetzt machen könnt:

Durch das Tor, das Stab und Körper bilden hindurchwinden (gegengleich)
Um den Stab herumhüpfen
Den Stab loslassen, in die Hände klatschen und wieder fassen
Den Stab loslassen, einmal umdrehen und wieder fassen
Den Stab nach rechts umfallen lassen, kurz vor dem Boden auffangen, wieder aufstellen und nach links umfallen lassen
Die Beine über den Stab schwingen

Jetzt fassen wir den Stab an beiden Enden an, welche Übungen sind nun möglich?

Den Stab vorwärts und rückwärts übersteigen
Den Stab mit gestreckten Armen über den Kopf bis zum Po führen, den gleichen Weg wieder zurück
Den Stab leicht hochwerfen und wieder fangen, auch in der Vorwärts- und Rückwärtsbewegung
Im Sitzen die Fußspitzen vor und hinter dem Stab auf den Boden tippen

Zwei Kinder mit einem Stab

Immer im Wechsel üben
Der Stab wird zum Hindernis, aber wie?

Die Kinder mit dem Stab halten ihn in unterschiedlichen Höhen waagerecht, die anderen überspringen die Stäbe auf unterschiedliche Weise oder kriechen unter ihnen hindurch

Die Kinder mit dem Stab stellen ihn senkrecht auf den Boden, die anderen bewegen sich durch viele Türen:

Durch die Türen laufen, hüpfen - vorwärts und rückwärts, in Achterkreisen

Nun wollen wir durch Drehtüren gehen.

Die Kinder mit dem Stab halten ihn an einem Ende, so daß ein langes Stück frei ist.
Die anderen Kinder laufen auf das freie Ende zu, fassen es und laufen einmal im Kreis um das den Stab haltende Kind herum. Dann laufen sie zum nächsten Stab weiter.

Es gibt verschiedene Möglichkeiten, sich mit dem Stab zu ziehen oder zu schieben:

Die Kinder fassen beide am waagerecht gehaltenen Stab an und ziehen oder schieben sich von der Stelle (Zieh- und Schiebekampf)
Die Kinder stehen mit den Rücken zueinander, fassen den Stab durch die gegrätschten Beine und ziehen
Ein Kind liegt in der Bauchlage oder Rückenlage, faßt den Stab an einem Ende (oder schulterbreit quer) und wird vom Partner gezogen
Ein Kind liegt in der Bauchlage und zieht sich am waagerecht gehaltenen Stab vorwärts

Versucht doch einmal, Spielgeräte zu erfinden.

Wippe: *Im Grätschsitz fassen beide Kinder den Stab und wippen abwechselnd vor und zurück. Beide Kinder fassen den Stab, eins liegt mit angehockten Beinen in der Rückenlage, das andere befindet sich im Hockstand, Positionen wechseln*

Schaukel: *Nebeneinander sitzen, Stab fassen, gemeinsam zurückrollen und wieder zum Sitz kommen. Nebeneinander sitzen, Stab in den Kniekehlen einklemmen, zurückrollen und aufsitzen*

Karussell: *An den Stabenden fassen und umeinander herumlaufen*

Zum Schluß stellen wir uns im Kreis auf und setzen alle den Stab senkrecht auf den Boden. Auf ein Zeichen lassen wir unseren Stab los und welchseln zum nächsten nach rechts. Dabei darf kein Stab umfallen. Geht es auch bis zum übernächsten?

Bewegungsaufgaben mit Kastanien oder Eicheln

Material: Reichlich Kastanien und/oder Eicheln
Sie können gemeinsam mit den Kindern gesammelt oder von den Kindern mitgebracht werden.
evtl. zusätzlich kleine und große Joghurtbecher

Zuerst wollen wir die Naturmaterialien ausschütten und in der Turnhalle verteilen.
Da wimmelt es nur so von Kastanien und Eicheln. Und was macht ihr damit? Bitte nicht gegenseitig bewerfen!

Früchte umlaufen, überspringen, mit den Füßen wegkicken, mit den Händen wegrollen

Eben habt ihr gemerkt, daß sich Kastanien und Eicheln etwas anders verhalten als ein Ball. Beobachtet, wie sie hochfliegen und auf den Boden fallen.

Materialien einzeln hochwerfen und beobachten

Wer findet nach dem Aufprellen seine hochgeworfene Eichel oder Kastanie wieder?

Die eigene Frucht mit den Augen verfolgen und aus den vielen Materialien herausfinden

Unsere Füße sollen einmal spüren, wie man über Kastanien oder Eicheln geht.

Die Kinder gehen über alle in der Halle liegenden Früchte, sie legen sich unter jeden Fuß eine Kastanie und rollen bei jedem Schritt diese Kastanie ein kleines Stück unter dem Schuh vorwärts

Wer kann ganz viele Kastanien und Eicheln auf einmal transportieren? Nur mit den Händen?

Die Kinder tragen so viele Früchte wie möglich, dazu werden auch die Füße und evtl. andere Körperteile benutzt

Denkt euch andere Möglichkeiten aus, wie ihr die Kastanien und Eicheln zu einem bestimmten Platz befördern könnt.

Rollen mit den Händen, den Zeigefingern, der Nase
Zu einem bestimmten Platz kicken
Die Früchte mit beiden Füßen festhalten und beim Hochspringen wegwerfen
Die Früchte auf Kopf, Arm, Fuß, Rücken balancieren

Zwar ist es nicht ganz leicht, aber man kann die Waldfrüchte auch zuwerfen und fangen.

Die Früchte gegen die Hallenwand werfen und wieder auffangen
Einen Partner suchen, sich Kastanien und Eicheln zuwerfen und auf-
fangen
Mehrere Früchte auf einmal zuwerfen und davon so viel wie möglich,
mit einer Hand oder beiden Händen auffangen
Joghurtbecher zum Werfen und Auffangen benutzen

Wer kann eine Eichel oder
Kastanie so rollen, daß sie
eine am Boden liegende
trifft (antitscht)?

Jedes Kind sammelt einige Kastanien und legt damit eine Figur auf
den Boden.

Figuren legen (z.B. Kreis, Schlange, Vogel, Haus usw.)

Wir wollen alle gemeinsam ein großes Bild (Tier, Auto, Haus, Baum
o.ä.) mit allen Kastanien und Eicheln auf den Boden legen

Gemeinschaftsaufgabe

Schnell müssen wir die Kastanien und Eicheln wieder aufsammeln.

Die Übungsleiterin hält einen Eimer bereit, läuft mit ihm kreuz und
quer durch die Halle, die Kinder verfolgen sie und versuchen, die
Waldfrüchte darin unterzubringen.

Kleine Spiele

Im Kleinkindalter ist Spielen die vorherrschende Tätigkeit der Kinder. Sie spielen um des Spielens willen und nicht um etwas Konkretes zu erreichen. Kinder lernen beim Spielen, aber sie spielen nicht mit dem Vorsatz, etwas zu lernen. Im Spiel, d.h. spielerisch begreifen und erfahren sie die Umwelt und lernen dabei, mit unbekannten Situationen fertig zu werden. Besonders im Rollenspiel finden sie Möglichkeiten, Lösungen für innere oder äußere Konflikte zu finden oder sie ihrer Bewältigung ein Stück näher zu bringen. Dabei hilft ihnen im besonderen Maße die Phantasie. In ihrer Phantasie übernehmen Kinder oft Eigenschaften, vor denen sie sich fürchten. Die „böse Hexe" können sie im Spiel so böse sein lassen, wie sie es selbst bestimmen. In der Rolle des „gefährlichen Löwen" und „starken Mannes" bekommen sie die Macht oder Kraft, die sie manches Mal im Alltag vermissen. So nehmen sie angstbesetzte Situationen vorweg, können dadurch Spannungen abbauen und unerreichbare oder unerlaubte Wünsche realisieren. Dabei gelingt es ihnen, ihr seelisches Gleichgewicht zu stabilisieren.

Das Miteinander-Spielen leistet einen wichtigen Beitrag zur Persönlichkeitsentwicklung der Kinder. Hier eröffnet sich ihnen ein Feld, auf dem große Lernschritte sowohl im motorischen als auch im kognitiven, sozialen und affektiv-emotionalen Bereich gemacht werden können. Ein Blick auf die einzelnen Bereiche macht dies deutlich:

Motorischer Bereich:

Grundtätigkeiten anwenden
Bewegungserfahrungen sammeln
Bewegungssicherheit gewinnen
koordinative Fähigkeiten einsetzen
konditionelle Fähigkeiten fördern

Sozialer Bereich:

Kontakte zu anderen aufnehmen
Gruppenverhalten praktizieren
Rücksicht nehmen
Grenzen akzeptieren
Toleranz üben
gesellschaftliche Normen achten
sich Konflikten stellen
Konfliktlöseverhalten lernen
Hilfsbereitschaft entwickeln

Kognitiver Bereich:	Affektiv-emotionaler Bereich:
Spielregeln lernen und behalten	Freude am gemeinsamen Spiel haben
Spielregeln umsetzen	
Sprachschatz erweitern	mit Mißerfolgen fertig werden
physikalische Gesetze handelnd erfahren	mit Erfolgen umgehen lernen
	Selbstwertgefühl entwickeln
Planungsfähigkeit erwerben	Selbstbewußtsein aufbauen.

Mit dieser Aufstellung wird klar, daß Spielen in der Gruppe eine ganz besondere Bedeutung hat, aber auch, wie vielschichtig die Wechselwirkungen auf die Entwicklung der Kinder sind. Richtig und gezielt eingesetzt sind sie mehr als der fröhliche Ausklang einer Turnstunde.

Wettspiele und Wettbewerbe nehmen in unserer Gesellschaft einen breiten Raum ein. Oft zählt nur der Erste, der Beste. Im Vorschulalter sollte man jedoch solche konkurrenzorientierten Spiele nach Möglichkeit weitgehend vermeiden. Oft sind die Kinder noch gar nicht in der Lage, verabredete Regeln einzuhalten oder ihre Notwendigkeit einzusehen. Hier sind kooperative Spiele, bei denen sich jedes Kind nach seinen individuellen Möglichkeiten einbringen kann, die bessere Alternative.

Trotz allem kommt von den Kindern immer wieder der Wunsch nach Wettspielen, weil sie im Spiel mit größeren Kindern auf dem Spielplatz oder im Wohngelände damit in Kontakt kommen. Man kann sie also in unseren Turnstunden nicht völlig unterbinden. Wenn aber solche konkurrenzorientierten Spiele durchgeführt werden, ist es wichtig zu beachten, daß Gewinnen oder Verlieren eine nicht zu große Bedeutung erhalten und die Kinder lernen, mit Erfolgen und/oder Mißerfolgen umzugehen.

Anmerkung: Die nachfolgende Spielesammlung unterscheidet sich von anderen dadurch, daß sie Wahlmöglichkeiten für die Durchführung der Spiele aufzeigt. Je nach der Absicht, die die Übungsleiterin mit dem Einsetzen eines Spiels verknüpft, kann sie die entsprechenden Spielregeln auswählen.

Der Löwe ist los

Organisation:	In der Halle werden alle kleinen Kästen so dicht beieinander gestellt, daß sie durch Matten miteinander verbunden werden können. Zusätzlich wird noch als „Löwenthron" der Deckel eines großen Kasten aufgestellt.
Spielablauf:	Ein Kind aus der Gruppe übernimmt die Rolle des Löwen, bekommt eine Kopfbedeckung (Hut oder Krone) und nimmt auf dem Kastendeckel Platz. Alle anderen Kinder sind Affen, die vom Löwen verfolgt werden. Dabei darf nur über die Kästen und Matten gelaufen werden. Auf den Ruf: „Der Löwe ist los" beginnt die Jagd nach den Affen. Was passiert nun mit den gefangenen Affen?

Mögliche Spielregeln:

- Die gefangenen Affen begeben sich in ein „Krankenhaus" und werden dort gesund gepflegt: Zwei der freilaufenden Affen streicheln das kranke Tier und befreien es dadurch. Sie laufen dabei allerdings Gefahr, selbst gefangen zu werden.
- Es wird ein bestimmter Ort als Freimal (z.B. Teppichfliesen am Rand der aufgestellten Geräte) verabredet. Gelingt es den gefangenen Affen, diesen Ort zu erreichen, so sind sie frei. Natürlich hat der Löwe jederzeit ein wachsames Auge auf dieses Freimal.
- Es gibt eine Aufsicht im Tierpark, die immer den bedrohten oder verletzten Tieren zu Hilfe kommt. Dieser Tierpfleger kann gefangene Affen befreien.
- Irgendwann wird auch der stärkste Löwe einmal müde. Wenn er keine Affen mehr jagen möchte, gibt er seine Kopfbedeckung an ein anderes Kind ab.

Schwänzchen fangen

Organisation: Alle Kinder bekommen ein Band (Wollfaden, Mannschaftsband etc.) und stecken sich dieses auf dem Rücken in den Hosenbund.

Spielablauf: Alle Kinder rennen durch den Raum und sind dabei bestrebt, den Mitspielern das Band wegzunehmen, das eigene aber zu behalten. Sie sind also Läufer und Fänger zugleich. Was geschieht mit den erhaschten Schwänzchen?

Mögliche Spielregeln:

- Eroberte Schwänzchen werden alternativ oder zusätzlich in den eigenen Hosenbund gesteckt.
- Es gibt ein Depot am Rande des Spielfeldes, in dem immer wieder neue Schwänzchen abgeholt und in Ruhe eingesteckt werden können.
- Kinder, die kein Schwänzchen mehr haben, hocken sich nieder.
- Wer mehrere Schwänzchen gefangen hat, kann davon an Kinder abgeben, die in der Hocke sitzen und keines mehr haben.
- Gruppen mit gleicher Schwänzchenfarbe versuchen, ihre Schwänzchen gegenseitig zu schützen.
- Wer sich erholen will, setzt sich auf den Boden und zeigt damit an, daß er im Moment kein neues Schwänzchen haben möchte.

Ochs am Berg 1-2-3

Organisation: Ein Kind steht mit dem Gesicht zur Wand an einem Ende des Spielfeldes, während sich alle übrigen an der gegenüberliegenden Seite befinden.

Spielablauf:	Die Gruppe versucht, schrittweise und unbemerkt an den „Ochs" heranzukommen. Das ist jedoch nicht so einfach, denn dieser dreht sich, nachdem er seinen Spruch (Ochs am Berg 1 - 2 - 3) gesprochen hat, mehr oder weniger schnell um und schickt jedes Kind, das noch in der Bewegung erwischt wird, an den Ausgangspunkt zurück.

Mögliche Spielregeln:

° Die erwischten Kinder werden nur einen Schritt zurückgeschickt.
Die Kinder bewegen sich auf allen Vieren, im Krebsgang, im Zehengang etc. vorwärts, seitwärts, rückwärts.

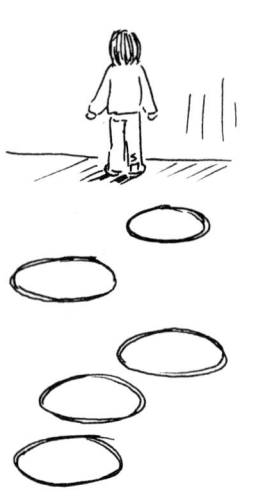

° An den Händen gefaßt bewegen sich zwei Kinder gemeinsam vorwärts und stimmen ihr Verhalten aufeinander ab.

° Nicht unbedingt auf dem direkten Weg werden Reifen ausgelegt. Die Kinder bewegen sich frei im Raum vorwärts, müssen jedoch in einem Reifen stehen wenn sich der „Ochs" umdreht.

° Die Übungsleiterin ist selbst der „Ochs" Sie wechselt mehrmals während eines Spiels ihre Position im Raum. Die Kinder orientieren sich beim Vorwärtsgehen an ihrem Standpunkt. Es werden Drehungen um 90 oder 180 Grad notwendig, dabei ändern sich zwangsläufig die „Führungspositionen".

Achtung „Pimperle"

Organisation:	Alle Kinder bewegen sich frei im Raum.
Spielablauf:	Zur Musik laufen die Kinder auf frei gewählten Raumwegen durch die Halle. Sie führen nach Musik-Stop und auf Zuruf der Übungs-

leiterin oder eines Kindes angesagte Bewegungen aus, aber nur dann, wenn der Ansage das Wort „Achtung" vorausgeht.

Mögliche Ansagen sind: Bauch, Rücken, hinsetzen, in die Brücke, in die Hocke, hüpfen auf der Stelle, stampfen durch den Raum, klatschen, hampeln, kullern usw.

Bei Achtung „Pimperle" klatschen alle auf die Oberschenkel.

Mögliche Spielregeln:	∘ Führen einzelne Kinder eine Bewegung aus, obwohl das Wort „Achtung" nicht gesagt wurde, so finden sich diese paarweise zusammen, laufen und agieren bis zum nächsten Musikstop gemeinsam weiter.

∘ Alle Kinder, die nicht richtig reagiert haben, fassen ein Kind an, das richtig gehandelt hat. Gemeinsam läuft man bis zum nächsten Stop weiter.

∘ Alle Kinder, die nicht richtig reagiert haben, setzen sich bis zum nächsten „Achtung" auf den Boden und klatschen den Laufrhythmus mit.

∘ Alle Kinder, die richtig gehandelt haben, laufen bis zum nächsten „Achtung" rückwärts.

∘ Kinder, die sich unsicher fühlen, bewegen sich auf einer in der Mitte der Halle optisch markierten Fläche, wo sie unabhängig von der Art der Ansage die Bewegung ausführen können.

∘ Alle Kinder, die richtig gehandelt haben, hocken sich für eine Spielrunde hin und patschen den Rhythmus der Musik auf den Boden.

Haltet den Dieb

Organisation:	Alle Kinder stehen in einer Linie an einer Schmalseite der Halle. Sie halten ihre geöffneten Hände auf dem Rücken.
Spielablauf:	Die Übungsleiterin legt einem Kind ein Bohnensäckchen (Diebesgut) in die Hände und ruft: „Haltet den Dieb!" Das Kind mit dem „Diebesgut" startet zur anderen Hallenseite, die anderen Kinder nehmen die Verfolgung auf und versuchen, den „Dieb" vor dem Erreichen der rettenden Wand (vor dem Verlassen des Kaufhauses) zu fangen.

Mögliche Spielregeln:

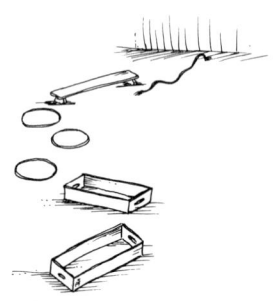

- Die Übungsleiterin legt zwei nebeneinanderstehenden Kindern je ein Säckchen in die Hände. Diese beiden „Diebe" fassen sich an den Händen und fliehen gemeinsam. Die Verfolger agieren allein.
- Die Beute ist schwer (Mediziball) und verhindert ein allzu schnelles Fliehen.
- Es werden 2 kleine „Fahndungsgruppen" gebildet, die an unterschiedlichen Stellen der Halle plaziert sind und von dort die Verfolgung aufnehmen.
- Mit kleinen Geräten (Kästen, Matten, Bänke, Seile, Reifen) werden Fluchtwege vorgegeben, die sowohl von den Dieben als auch von den Fängern benutzt werden müssen.
- Im Kaufhaus, in dem der Dieb aktiv ist, gibt es eine Alarmanlage
  (Weichboden in der Mitte der Halle)
  a) Die Fahnder müssen die Alarmanlage erreicht haben, bevor der Dieb an der rettenden Wand ist
  b) Der Fahnder, der zuerst diese Alarmanlage erreicht, löst eine Großfahndung aus,

d.h. der Dieb findet keine rettende Wand, sondern wird in der ganzen Halle gejagt.
- Alle Detektive haben einen Schaumstoffball und versuchen, den Dieb zu treffen.

Der schlafende Riese

Organisation:
In den Ecken der Halle werden aus Kästen und Matten je nach Größe der Gruppe zwei oder drei „Zwergenwohnungen" gebaut, in die sich die Kinder verkriechen können. In der Mitte der Halle liegt ein schlafender Riese auf dem Boden.

Spielablauf:

Die Zwerge haben vor dem schlafenden Riesen keine Angst. Sie kommen aus ihren Wohnungen heraus und hüpfen um den schnarchenden Riesen herum. Ganz Mutige wagen es sogar, ihn vorsichtig zu necken.
Auf den Ruf der Übungsleiterin „Der Riese wird wach!", fliehen die Zwerge in ihre Höhlen, der Riese versucht, sie zu fangen bevor sie verschwunden sind.

Mögliche Spielregeln:
- Gefangene Zwerge werden zu Riesen und helfen fangen.
- Gefangene Zwerge lösen den Riesen ab.
- Es werden unterschiedliche Fortbewegungsarten für den Riesen und die Zwerge verabredet.

- Der schlafende Riese bewacht einen wertvollen Schatz (Bohnensäckchen, dicke weiche Bälle o.ä.), die Zwerge versuchen, diesen Schatz zu stehlen und in eine vorher bestimmte Zwergenhöhle zu bringen. Wer den Schatz entwendet hat, wird von den anderen Zwergen vor dem Riesen beschützt.

Der Reifenstecher

Organisation:	Alle Kinder fahren, ein gedachtes Lenkrad in den Händen, mit Autos durch die Halle. Ein Kind hat einen besonderen „Tick". Es sticht bei allen Autos die Reifen platt.
Spielablauf:	Wer von dem Reifenstecher berührt wird, geht mit einem lauten Ausatmen in die Hocke. Andere „Verkehrsteilnehmer" können den platten Reifen wieder aufpumpen, in dem sie das „Auto" berühren und „pump-pump-pump" sagen. Dabei füllt sich der Reifen mit Luft, was mit lautem Einatmen begleitet wird, und das Auto kann wieder losfahren.

Mögliche Spielregeln:

- Die Autos fahren alle im Rückwärtsgang.
- Es gibt nur Lastwagen mit Anhängern, auch die Reifenstecher sind zu zweit (angefaßt) unterwegs.
- Die Autos und der Reifenstecher fahren nur auf vorgegebenen Straßen, z. B. den farbigen Hallenmarkierungen.
- Die Autos werden zu landwirtschaftlichen Fahrzeugen, die nur ganz langsam vorankommen (Gehen).
- Es gibt sichere Plätze, an denen der „Reifenstecher" nicht zuschlagen kann. (Ruhezonen)

Spielende:	a) Wenn es nur noch Autos mit platten Reifen gibt, beginnt das Spiel mit einem neuen Reifenstecher wieder von vorn.
	b) Nach einer gewissen Zeit wird der Reifenstecher von der Polizei (ÜL) überführt, ein anderes Kind übernimmt seine Rolle.

Tiere - Tiere -Tiere

Organisation:	Karten mit Bildern, Fotos oder Zeichnungen von Tieren, die die Kinder kennen und deren Stimmen und Bewegungen leicht zu imitieren sind. Jedes Tier ist als Bild mindestens in doppelter Ausfertigung vorhanden.
Spielmöglichkeiten:	◦ Die Übungsleiterin zeigt der gesamten Gruppe ein Bild. Die Kinder ahmen Fortbewegungsart und „Sprache" des gezeigten Tieres nach.
	◦ Es gibt ebensoviele Tierbilder wie Kinder. Die Tierbilder werden verdeckt auf den Boden gelegt.
	◦ Zur Musik laufen alle Kinder durch den Raum. Bei Musikstop nimmt sich jedes Kind ein Bild vom Boden und auf ein Zeichen beginnen alle Kinder gemeinsam, die Mitglieder ihrer Tierfamilien zu finden. Dies geschieht entweder durch Tierlaute oder die Fortbewegungsart.
	◦ Beim nächsten Durchgang werden die Tierbilder während des Laufens zur Musik immer wieder getauscht. Beim nächsten Musikstop beginnt das Suchen von vorn.
	◦ Die Übungsleiterin erzählt eine Geschichte, in der die vorhandenen Tiere die Hauptrollen spielen. Immer dann, wenn eine Tiergattung genannt wird, bewegen sich die Kinder, die diese Tierkarte haben, in ihrer typi-

schen Fortbewegungsart so lange durch die Halle, bis sie von einer anderen Tiergattung abgelöst werden.

Der Wolf und die Schafe

Organisation:
Einer Herde von Schafen auf der einen Seite der Halle, steht auf der anderen Seite der Halle ein Wolf gegenüber.

Spielmöglichkeiten:
- Die Schafe wollen zur gegenüberliegenden Hallenwand, müssen aber aufpassen, daß sie nicht vom Wolf gefangen werden. Gefangene Schafe helfen dem Wolf.
- Wolf und Schafe kommen nur auf allen Vieren vorwärts.
- Die Schafe werden von einem Schäfer und einigen Hütehunden vor dem Wolf geschützt. Der Wolf hat also keinen direkten Zugriff auf die Schafe und es fällt schwer, Beute zu machen.
- Der Wolf ist bei Dunkelheit aktiv. Er versucht, mit geschlossenen Augen, (evtl. eine Mütze bis über die Augen herunterziehen) ein Schaf zu erwischen. Natürlich haben die Schafe Angst vor dem Wolf und blöken ganz jämmerlich. (Was wiederum dem Wolf seine Arbeit etwas leichter macht)

Reise mit verschiedenen Verkehrsmitteln

Organisation:
Geräteaufbau

Schiff = Weichboden mit daruntergelegten dicken Bällen

Eisenbahn = hintereinander gelegte Kastenteile

Flugzeug = kleine Matten die in Flugzeugform auf den Boden gelegt werden

Bus = 2 parallel gestellte Bänke

Autos = Gymnastikreifen oder Gummiringe

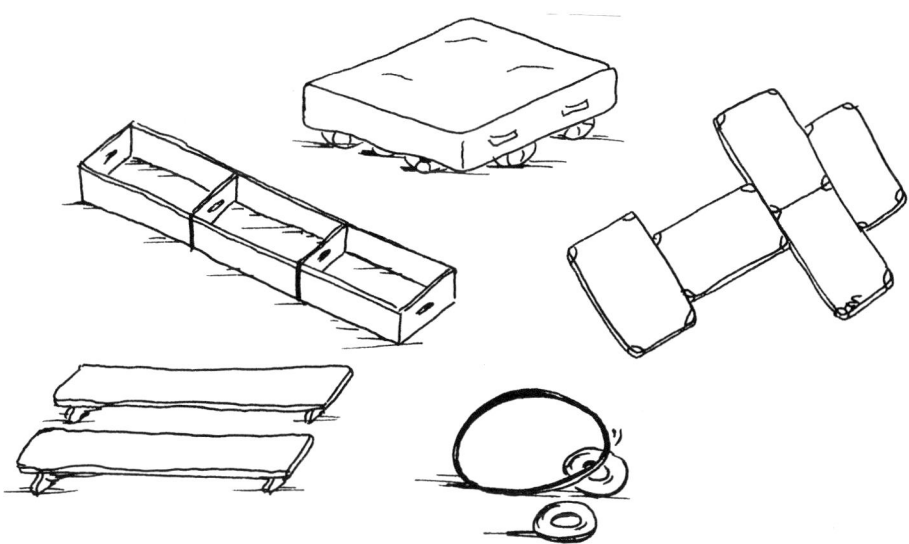

Spielmöglichkeiten:

o Zur Musik laufen die Kinder um die aufgestellten Geräte herum. Bei Musikstop ruft die Übungsleiterin ein Fahrzeug auf, in dem möglichst alle Kinder schnell Platz nehmen. Mit dem zu dem Fahrzeug passenden Geräusch fährt die ganze Bande dann ab.

o Beim neuerlichen Einsetzen der Musik geht die Reise wieder zu Fuß weiter.

o Die Übungsleiterin ruft nacheinander die verschiedenen Fahrzeuge auf, die Kinder wechseln so schnell wie möglich die Transportmittel.

○ Auch Kinder können die Rolle der Übungsleiterin übernehmen.

○ Die Übungsleiterin erzählt eine Geschichte von einer Urlaubsreise. Die Kinder wechseln immer zu dem Fahrzeug, das gerade in dieser Geschichte eine Rolle spielt.

○ Dabei finden die Erlebnisse in den jeweiligen Fahrzeugen ihren Fortgang, z. B. das Schiff kommt in einen schweren Sturm und schaukelt mächtig. Einige Passagiere fallen über Bord.

○ Oder: Autofahrt in steilem, kurvenreichen Gelände, Pannen unterwegs etc.

○ Während der Verweildauer auf den Fahrzeugen kann mit den Kindern der weitere Fortgang der Geschichte besprochen werden. Die von den Kindern eingebrachten Vorschläge werden aufgegriffen.

Spiele zum Abbau von Ängsten

Nicht selten finden wir neben den Kindern, die sich überall zu Hause fühlen auch solche, die mit Angst und Hemmungen zu uns in die Turnhalle kommen. Diesen ängstlichen Kindern muß sich die Übungsleiterin in besonderem Maße annehmen.

Es gibt viele unterschiedliche Gründe dafür, warum ein Kind Angst oder Hemmungen hat, wenn es in die Kleinkinderturnstunde kommt. Unabhängig davon, ob es selbst den Wunsch geäußert hat, in den Turnverein zu gehen oder ob seine Eltern diese Entscheidung getroffen haben, muß das Kind sich dort mit völlig ungewohnten Situationen auseinandersetzen:

* Das Kind betritt vielleicht zum ersten Mal einen solch großen leeren Raum, es hat noch nie vorher in eine Turnhalle geschaut.

* Das Kind hat Angst, weil es sich in dieser ungewohnten Situation von Mutter oder Vater trennen soll.
* Das Kind kann sich keine Vorstellung davon machen, was von ihm in der neuen Gruppe erwartet wird.
* Das Kind sieht sich nicht nur einer großen Zahl fremder Kinder gegenüber, sondern auch einer völlig unbekannten „Lehrerin".
* Bei den anderen Kindern steht das Kind als „Neuankömmling" im Mittelpunkt des Interesses; dadurch bringen sie es in eine Situation, die ihm unangenehm ist.
* Die fremden Kinder kennen sich untereinander und gehen ausgelassen und ungezwungen miteinander um. Das „neue" Kind ist völlig isoliert.
* Die fremden Kinder rennen wild umher und machen eine Menge Lärm.

Seine Ängste drückt ein Kind durch seine Körpersprache und Körperhaltung aus. So bleibt es vielleicht beim Betreten der Turnhalle mit dem Rücken zur Wand dicht neben der Turnhallentür stehen. Es ist mutlos und verschüchtert, auf Fragen antwortet es extrem leise, so daß man es kaum verstehen kann. Gelingt es der Übungsleiterin, das neue, schüchterne Kind zum Mitmachen zu ermuntern, so bewegt es sich auf einem ganz engen Aktionsradius. An Geräte traut es sich nur heran, wenn sich gerade kein anderes Kind dort aufhält.

Für Kinder, die nicht den Mut haben, sich in dem großen leeren Raum (die Turnhalle) frei zu bewegen, können wir Spiele anbieten, die auf die oben erwähnten Ängste und Hemmungen gezielt Rücksicht nehmen.

Den Raum überschaubar machen

Versteckspiel

Organisation:	In der Halle werden wahllos viele kleine und große Kästen aufgebaut und alle vorhandenen Matten gut verteilt ausgelegt.

Spielablauf:	Zur Musik laufen alle Kinder kreuz und quer um die aufgestellten Geräte herum oder springen über sie hinweg. Bei Musikstop verstecken sie sich vor der Übungsleiterin. Verstecke sind hinter den Kästen und unter den Matten genügend vorhanden. Bei der nächsten Musikphase wird wieder so lange gelaufen, bis ein neuer Stop erfolgt.
Weitere Spielregeln:°	◦ Die Übungsleiterin verändert ihren Standort in der Halle, so daß die Kinder sich immer wieder neu orientieren müssen, wie und wo sie sich hinter den Geräten verstecken müssen, um nicht gesehen zu werden. ◦ Zwei Kinder fassen sich an den Händen und laufen gemeinsam durch die Halle. Sie einigen sich bei Musikstop ganz schnell, wo sie sich verstecken wollen. ◦ Zusatzaufgaben wie: Zeigt mir den Kopf, eine Hand, einen Fuß, den Po, die Nase, den Bauch usw. lenken die Aufmerksamkeit von der eigenen Person ab und helfen, vorhandene Hemmungen zu vergessen.

Das Vierländer-Spiel

Organisation:	Mit Klebeband wird eine Spielfläche mit vier Rechtecken abgeklebt. Jedes dieser Rechtecke steht für ein Land, alle vier Rechtecke zusammen für einen Erdteil. Spielsymbole werden vorbereitet und bereitgehalten.
Spielmöglichkeiten:	Bei jedem Spieldurchgang laufen oder hüpfen alle Kinder auf dem gesamten Erdteil. Bei Musikstop bleiben die Kinder an ihrem Platz stehen und übernehmen die Rolle, die ihnen durch ein Symbol im jeweiligen Land vorgegeben wird. Die Symbole werden vor Spielbeginn erklärt. Beim erneuten Einsetzen der Musik bewegen sich alle Kinder wieder im großen Feld und bleiben beim nächsten Musikstop möglicherweise in einem anderen Land stehen.

Mögliche Symbole:

* Hund - Ente - Hase - Frosch oder Bär
  - Elefant - Schlange - Löwe
* Flugzeug - Eisenbahn - Fahrrad - Auto
* Matsch - Wasser - Gras - Steine (in Bonbondosen)
* langsam (Schnecke) - schnell(Sprinter)
  laut (Trommel) - leise (Käfer)

Als Symbole können verwendet werden: Stofftiere oder gemalte Bilder von Tieren; ausgeschnittene Bilder aus einem Spielzeugkatalog.

Spiele ohne Lärm

Anschleichen

Organisation:
Die Kinder sitzen nebeneinander im Innenstirnkreis. In der Mitte des Kreises sitzt ein Kind, das seine Augen geschlossen hält.

Spielablauf:
Auf ein Zeichen der Übungsleiterin schleicht sich ein Kind aus dem Kreis auf Zehenspitzen an das in der Mitte sitzende Kind heran. Hört dieses Kind jedoch ein Geräusch und zeigt in die Richtung, aus der sich das heranschleichende Kind nähert, so muß dieses sich wieder in den Kreis setzen und ein anderes Kind darf sein Glück versuchen.
Wem es gelingt, das in der Mitte sitzende Kind anzuschlagen, nimmt dessen Platz ein.

Geräusche verstecken

Organisation:
In der Halle werden einige große und kleine Kästen aufgestellt. Einige Gegenstände, die Geräusche machen, werden bereitgehalten. Diese Gegenstände werden den Kindern gezeigt und erklärt.
Beispiele für „Geräuschmacher": Kurzzeitwecker, Tamburin, Triangel, Rasseldose, Klanghölzer, Dose mit Steinchen, Feuerzeug, usw.

Spielablauf:
Die Kinder sitzen an einer Hallenseite auf dem Boden. Sie haben ihre Augen geschlossen und sind ganz still.
Die Übungsleiterin oder ein Kind aus der Gruppe versteckt sich hinter einem Kasten

und erzeugt von dort mit einem der Gegenstände ein Geräusch.

Die Kinder bewegen sich auf die Geräuschquelle zu und versuchen sie zu finden.

Wer als erster ankommt, darf raten, womit das Geräusch erzeugt wurde.

Variation:
○ Wer als erster ankommt, darf sich verstecken und ein Geräusch erzeugen.
○ Wer als erster ankommt, darf bestimmen, wer sich nun verstecken soll.

Hühner auf dem Bauernhof

Organisation:
Es werden zwei etwa gleichstarke Gruppen gebildet. Die eine Gruppe steht mit gegrätschten Beinen auf der Mittellinie der Halle. Sie steht mit den Rücken zu der anderen Gruppe und bildet einen Zaun.

Die zweite Gruppe spielt die Gruppe der Hühner, die unbedingt durch den Zaun schlüpfen wollen. Sie stehen an einer Längsseite der Halle und wissen genau, daß sie mit lautem Gegacker nicht durch den Zaun entschlüpfen können.

Spielablauf:	Die Hühner versuchen, sich von hinten ganz leise an den Zaun heranzuschleichen und durch eine Lücke zu schlüpfen, ohne daß sie gefangen werden.
	Beim nächsten Durchgang wird der Zaun gedreht (Rücken zu den Hühnern) und das Anschleichen beginnt von vorn. Gefangene Kinder helfen, den Zaun dichter zu machen, reihen sich ein.
	Nach einigen Durchgängen werden die Rollen getauscht.

Der Dirigent und das Orchester

Organisation:	Alle Kinder stehen im Kreis und bilden ein Orchester, das sich zu seinen ersten Proben trifft. In der Mitte des Kreises steht auf einem kleinen Kasten der Dirigent.
	Diese Rolle kann zuerst die Übungsleiterin übernehmen, später dürfen natürlich auch die Kinder dirigieren.

Spielablauf:	Die Dirigentin auf dem Podium macht eine Bewegung vor und zeigt auf ein „Orchestermitglied", das diese Bewegung übernehmen soll.
	Diese Bewegung soll sich nun im Kreis wie eine Welle fortsetzen, d.h. daß das erste Kind die Bewegung einstellt, während das 4. oder 5. Kind erst damit beginnt. Die erste Strophe des Konzertes ist zu Ende, wenn die Bewegung wieder beim ersten Kind angekommen ist.
	Beim nächsten Durchgang gibt es eine neue Bewegungsaufgabe und auch einen neuen Beginn im Kreis.

Großgeräte und Bewegungslandschaften

In einer Umwelt, die ein freies und ungefährliches Experimentieren mit den eigenen Bewegungsmöglichkeiten kaum noch erlaubt, müssen Spielräume gesucht werden, in denen Kinder noch klettern und springen, stützen, hangeln, schwingen und balancieren können.

In der Turnhalle bieten sich Voraussetzungen, um die in der natürlichen Umgebung der Kinder nicht mehr vorhandenen Bewegungsräume künstlich zu erstellen. Durch den Aufbau und die Kombination von Großgeräten zu Bewegungslandschaften können Defizite aufgefangen werden, die durch die Wandlung der Umwelt entstehen oder bereits entstanden sind. Diese Bewegungslandschaften ermöglichen in idealer Weise vielfältige und vielseitige Bewegungserlebnisse.

Mit den traditionellen Turngeräten und viel Phantasie wird die Turnhalle zum Dschungel mit Dickicht, Dschungelbrücke und schwingenden Lianen oder zu einem Kinderzimmer mit Hochbett, Bücherregal und begehbarem Kleiderschrank.

Hier kann nicht nur spielerisch mit den Geräten, dem eigenen Körper und mit anderen Kindern umgegangen werden, an Bewegungslandschaften können auch gezielt Grundtätigkeiten und motorische Fertigkeiten auf kleinkindgemäße Weise erlernt und geübt werden.

Bewegungslandschaften ...

- **schaffen vielfältige Bewegungsmöglichkeiten**
- **haben großen Aufforderungscharakter**
- **geben Raum für individuelle, spielerische Bewegungserfahrungen**
- **ermöglichen eine hohe Bewegungsintensität**
- **haben keine oder zumindest nur extrem kurze Wartezeiten**
- **geben den Kindern Gelegenheit zur Mitgestaltung ihrer Landschaft**
- **geben Raum für Kreativität und Phantasie bei der Auseinandersetzung mit den Gerätekombinationen**
- **lassen sich durch den Einsatz von Kleingeräten in ihrer Vielfalt erweitern**

Im folgenden Praxisteil werden zum einen phantasievolle Aufbauten vorgestellt, an denen schwerpunktartig motorische Grundtätigkeiten erprobt und geübt werden können.

Zum anderen sollen Bewegungslandschaften gezeigt werden, die zu einem bestimmten Thema aufgebaut und dann von den Kindern in kreativer Weise erlebt werden.

Doch bevor man an Großgeräten turnen kann, müssen sie aufgebaut werden!

Die meisten Kinder würden der Übungsleiterin gern dabei helfen, Großgeräte aus dem Geräteraum heranzuschaffen, um damit eine Bewegungslandschaft aufzubauen. Oft kommen sie aber nicht zum Zug, weil vermeintliche Gefahren und angeblicher Zeitmangel, den der Transport der Großgeräte mit sich bringt, das Mithelfen der Kinder ausschließen.

Dabei müssen Kinder nur auf Gefahren aufmerksam gemacht und richtig angeleitet werden. Kindgemäße Organisationsformen und ein wenig Übung sind notwendig, damit nach und nach der Geräteaufbau und Abbau zur selbstverständlichen Gewohnheit wird. Phantasievolle Konstrukte führen dann sehr schnell zu Turnstunden mit mehr Spaß,

wachsender Bewegungsfreude und Geschicklichkeit, zu mehr Identifikation und damit zu mehr Raum für eigene Ideen.

Der Auf- und Abbau der Geräte ist aktive Bewegungszeit, denn beim gemeinsamen Transport der Geräte stehen soziale (helfen, Verantwortung tragen) und motorische Elemente (schieben, ziehen, tragen) gleichberechtigt nebeneinander. Deshalb werden alle Kinder daran beteiligt. In der richtigen Verpackung kann auch das Aufbauen einer Gerätelandschaft immer wieder zu einem gemeinsamen Erlebnis werden. Die Übungsleiterin sollte sich deshalb stets bemühen, nach organisatorischen Hilfsmitteln (z. B. Rollbretter, Teppichfliesen, Mattenwagen als Transporthelfer) zu suchen und Ideen zu entwickeln, um diese „Arbeit" interessant, effektiv und abwechslungsreich zu gestalten.

Nachfolgend dargestellte Geräteaufbauten sollen als Vorschläge verstanden werden und müssen – entsprechend der jeweils vorhandenen Geräte – ausgewählt oder verändert werden.

Geräte-Aufbauten,
die zu Rollbewegungen herausfordern:

Bewegungsaufgaben:

Versucht, unterschiedliche Möglichkeiten zu finden, um rollend die Geräte zu überwinden.
Um die Längs- und Querachse, über eine Schulter rollen, rückwärts rollen

Versucht, ohne Aufsetzen der Hände zu rollen.

Probiert aus, ob und wo es Möglichkeiten gibt, zusammen mit einem Partner zu rollen?
Doppelrolle: Zwei Kinder fassen sich gegenseitig an den Fußgelenken, Doppeltes Baumstammrollen: Zwei Kinder rollen eng aneinandergeschmiegt die schiefe Ebene herab

Versucht, mit geschlossenen Augen zu rollen, probiert es auch zusammen mit einem Partner.

Wie kann man um die Reckstange oder den Barrenholm herumrollen?
(Hüftabzug, Hüftaufschwung mit Geländehilfe)

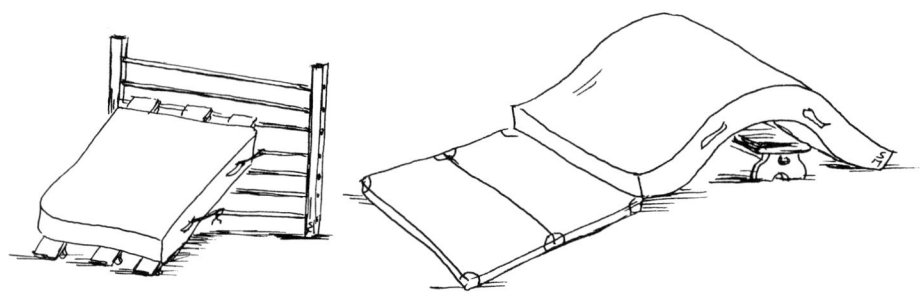

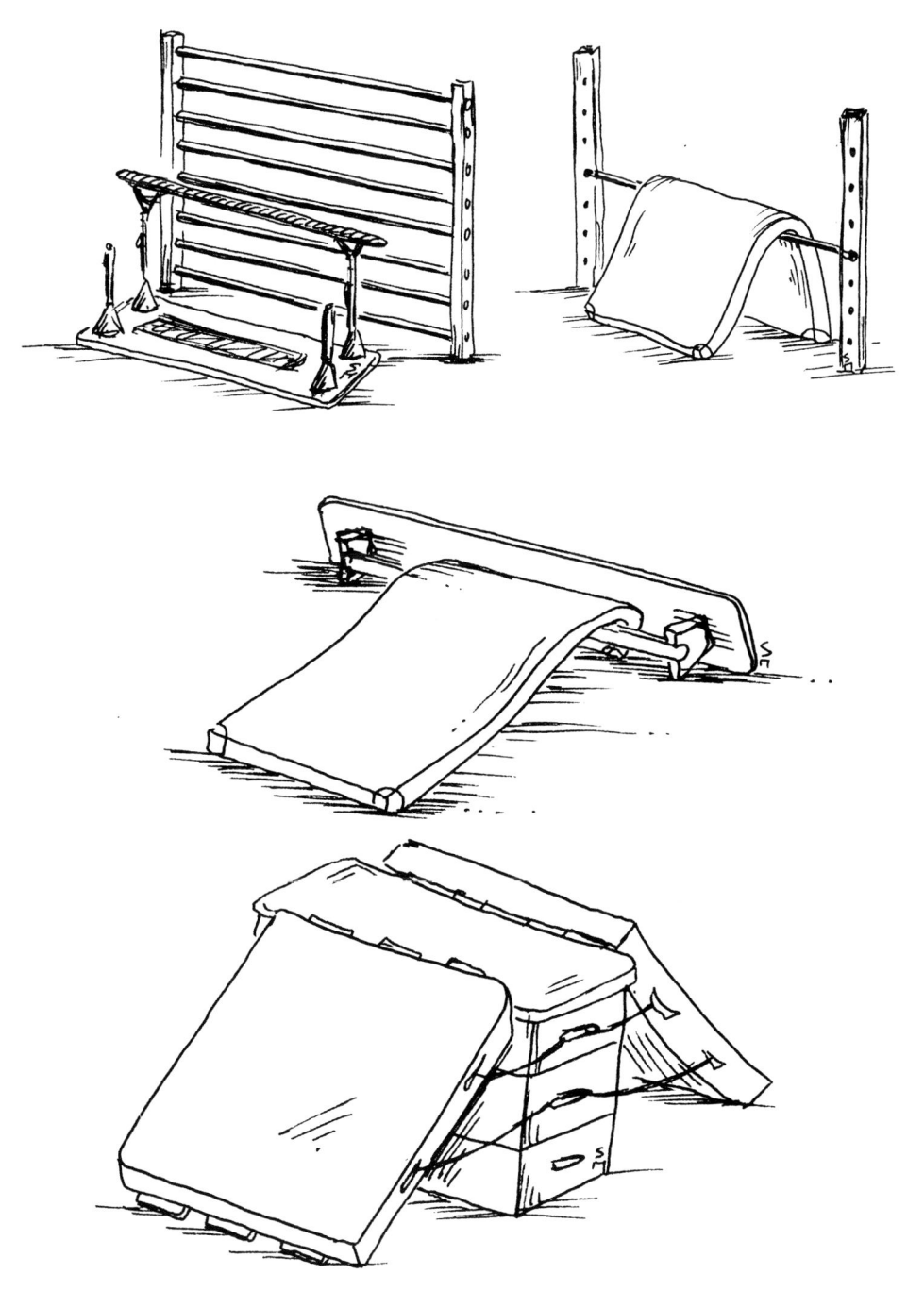

101

Geräte-Aufbauten,
die zum Balancieren herausfordern:

Bewegungsaufgaben:

Probiert alle Möglichkeiten des Balancierens auf den Geräten aus!
vorwärts, rückwärts, seitwärts mit Nachstellschritt oder Überstell-
schritt, im hohen Zehenstand, mit Laufsprüngen, Hopserlauf oder
Pferdchensprüngen

Versucht, euch auf den Geräten um die eigene Achse zu drehen.

Legt Hindernisse (Medizinbälle, Keulen etc.) auf die Geräte und
überwindet sie auf unterschiedliche Art und Weise.
Krabbeln, Gehen, Laufen, Schlußsprünge

Versucht, alle Aufgaben gemeinsam mit einem Partner zu lösen.

Beginnt mit einem Partner die Geräte von zwei entgegengesetzten
Enden aus zu überwinden.

Balanciert zusätzlich Kleingeräte auf der Hand, dem Kopf, auf einem
Pappdeckel und überwindet damit die Geräte.

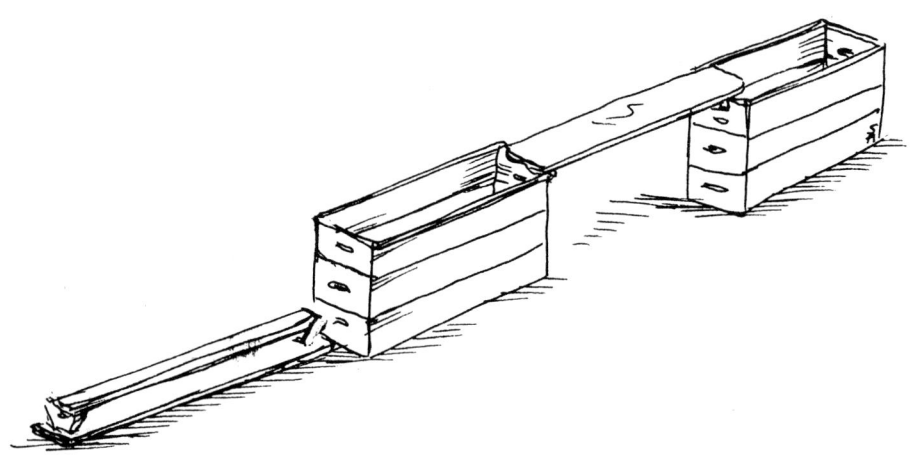

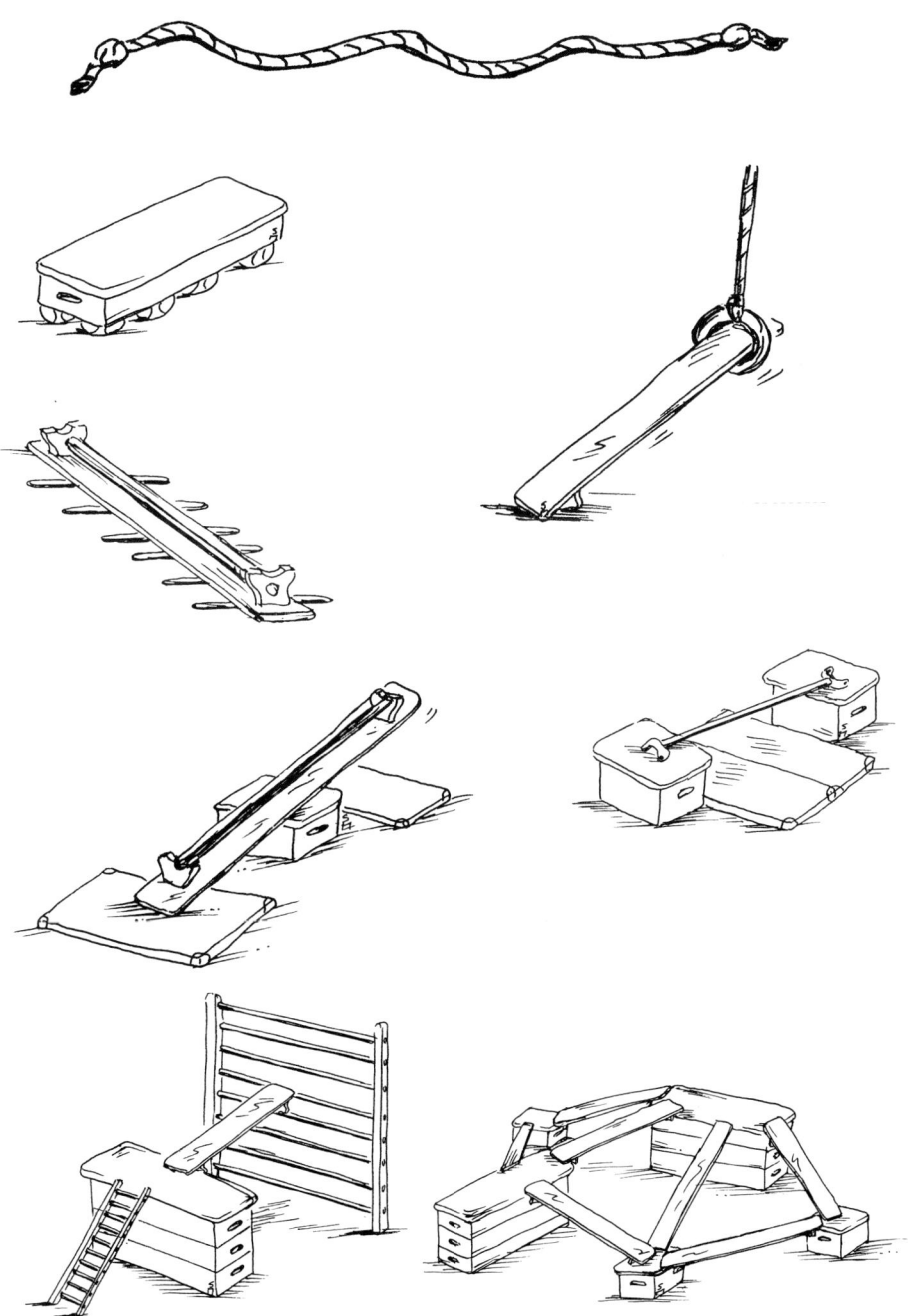

Geräte-Aufbauten, die zum Schaukeln, Schwingen und Hangeln herausfordern:

Bewegungsaufgaben:

An welchen Geräten kann man allein oder mit einem Partner schwingen?
Schwingen = im Langhang hin- und herpendeln

Wo ist es möglich, sich hängend an den Händen von einer Geräteseite zur anderen zu bewegen und wie können die Beine dabei helfen?
Hangeln = Im Langhang mit den Händen vorwärts- oder rückwärts-laufen, auch mit zusätzlich verschränkt eingehängten Beinen

Welche Möglichkeiten zum Schaukeln bieten euch die aufgebauten Geräte an?

Muß man beim Schaukeln immer nur sitzen, oder geht das auch anders?

Kann man zu zweit an einem Gerät schaukeln?

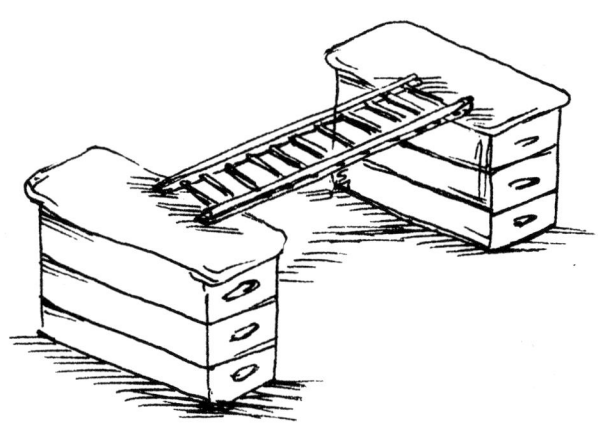

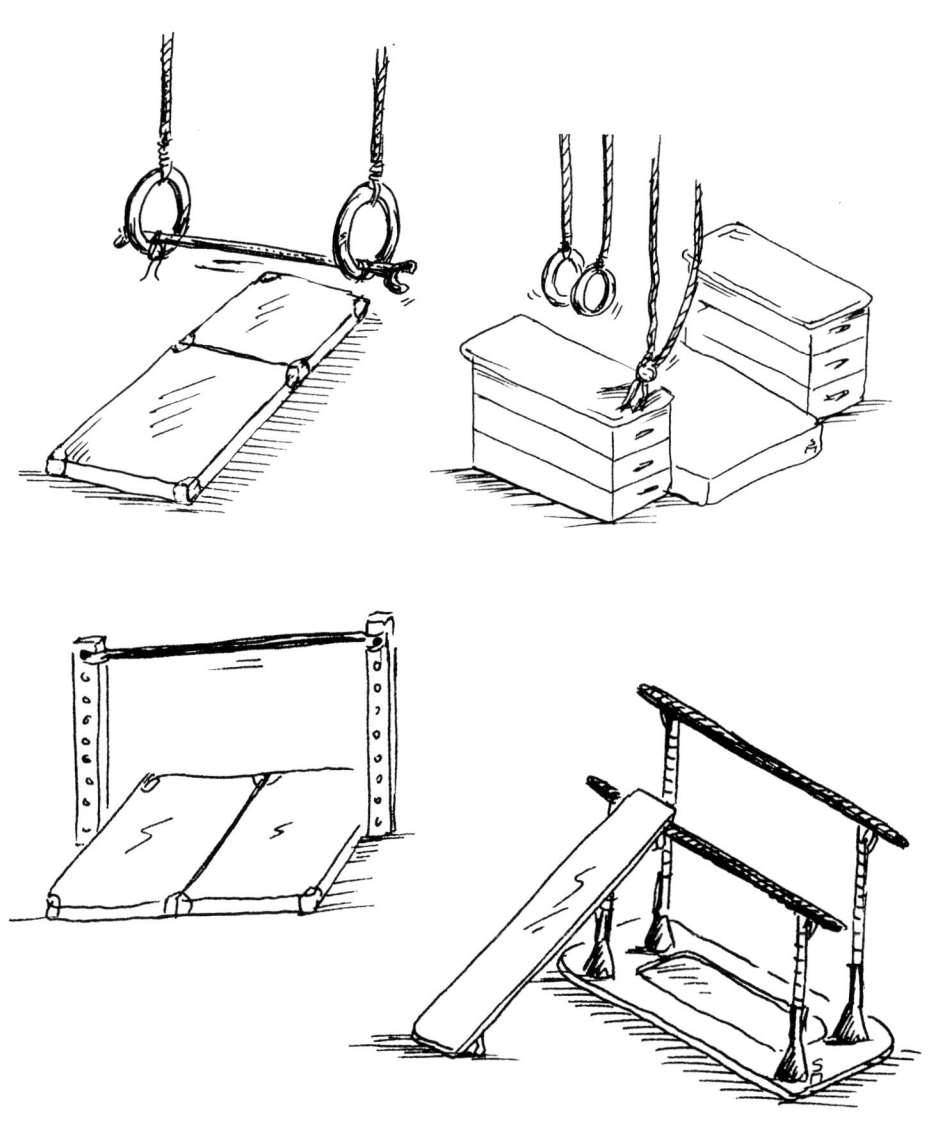

Geräte-Aufbauten, die zum Stützen, Klettern und Springen herausfordern:

Bewegungsaufgaben:

A) Springen

Es gibt sehr viele Möglichkeiten, auf die Geräte hinauf, von ihnen herunter- oder über sie hinwegzuspringen. Probiert an allen Geräten die Sprünge aus, die euch einfallen.
Hocksprünge, Grätschsprünge, Strecksprünge, Schlußsprünge, Laufsprünge, Einbeinhüpfen

Wie kann man die kleinen Kästen überwinden?
Laufsprünge, Schlußsprünge, Aufknien, Einbeinhüpfen, Hockwenden, Aufhocken - Abrollen

B) Stützen

Wo könnt ihr euer Gewicht auf den Händen abstützen und dann ein Gerät oder ein Hindernis überwinden oder überspringen?
Stützhocken über die Medizinbälle, Aufhocken an der Kastentreppe, bergab krabbeln, Zappelhandstand auf kleinem Kasten .
An den kleinen Kästen aus der Bauchlage im Liegestütz nach vorn auf den Händen weglaufen

C) Klettern

Es gibt Geräte, die laden zum Klettern ein. Versucht, dort verschiedene Kletterwege zu finden.

Klettert eurem Partner einen Weg vor, den er dann nachklettern soll. Denkt auch daran, daß man mit dem Bauch und mit dem Rücken zum Gerät klettern kann.
Von hinten an der Gitterleiter hochklettern, sich durchwinden, auf der Bank herunterrutschen.
An der Gitterleiter hochklettern, dabei die Seiten (hinten-vorn) mehrmals wechseln.

Zu zweit von links unten nach rechts oben und von rechts unten nach links oben klettern.
Rücklings hochklettern, um Reckstangen herumklettern.

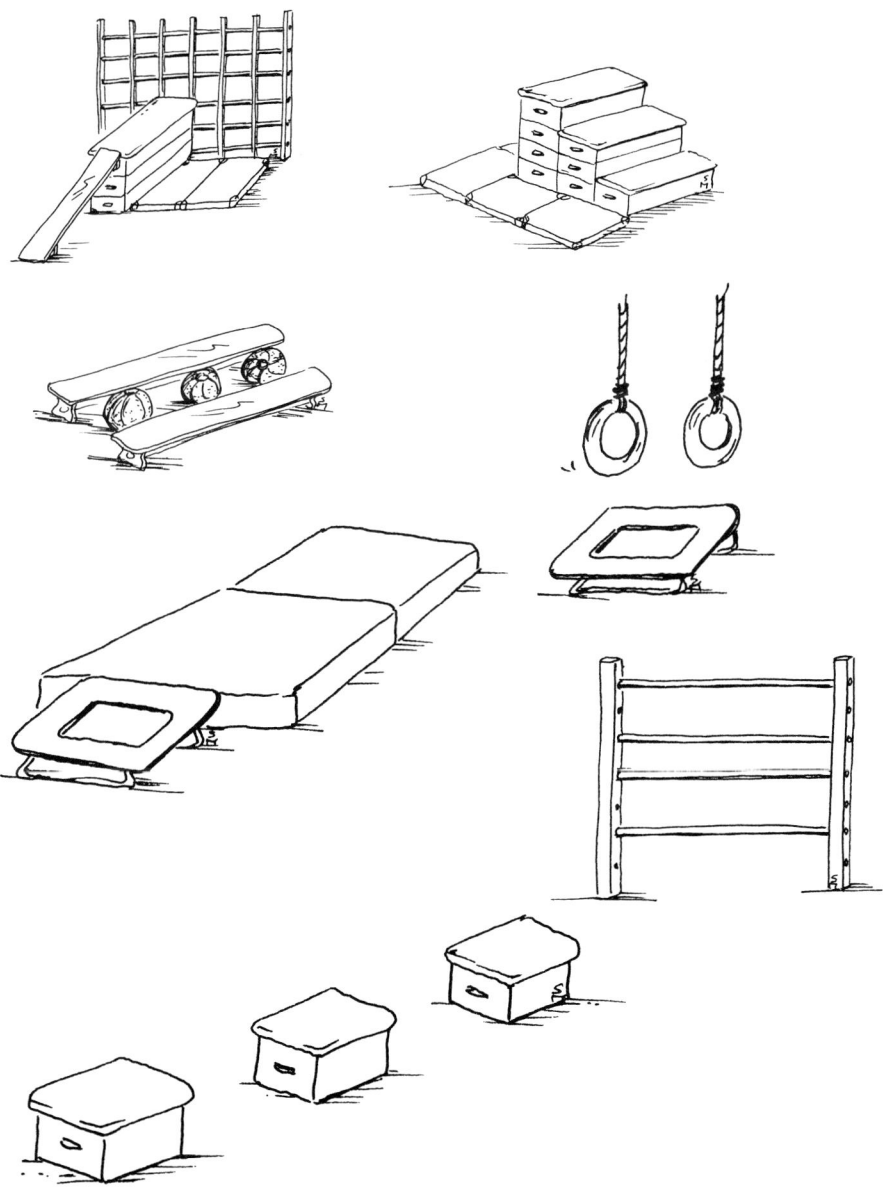

Geräte-Kombinationen,
die zum Kriechen herausfordern:

Bewegungsaufgaben:

Höhlen, Tunnel und das Labyrinth laden zum Kriechen ein. Es gibt aber nicht nur eine Möglichkeit, kriechend hindurchzukommen. Welche gibt es noch?
Kriechen und durchwinden vorwärts, rückwärts, im Krebsgang, durchschlängeln, - robben

Diese Geräte eignen sich besonders gut, um Versteck zu spielen.
Paarweise Verstecken und Suchen spielen

Man kann nicht nur Kinder, sondern auch Sachen verstecken. Ein Kind aus jedem Paar versteckt einen Gegenstand, das andere muß ihn suchen.
Kleine Gegenstände in den Geräteaufbauten verstecken und suchen

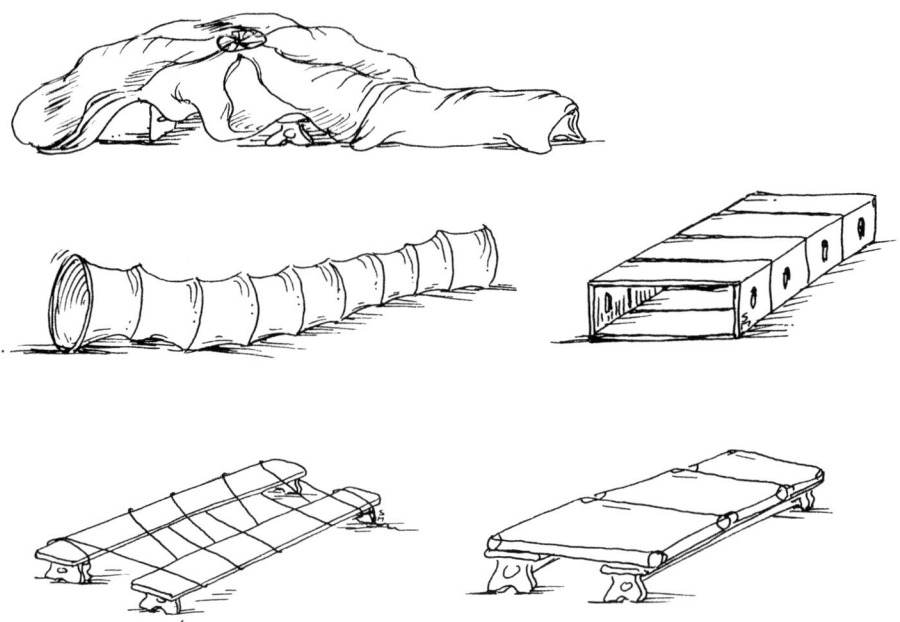

Auf die Verpackung kommt es an! –
Bewegungslandschaften aus Großgeräten

Thema: Unser Spielplatz

Heute ist es endlich soweit. Etliche Bauarbeiter haben sich angekündigt, die den Spielplatz in unserem Stadtteil herrichten wollen. Schon vor langer Zeit haben wir Kinder der Baufirma unsere Wünsche und Vorstellungen mitgeteilt, und heute ist der große Tag gekommen. Natürlich gehen wir alle zu dem Gelände, auf dem der Spielplatz aufgebaut werden soll und helfen mit.

Damit der Aufbau gut organisiert vorangeht, teilen wir uns in Arbeitsgruppen auf, die - so wie es sich für richtige Arbeiter gehört - nach Werkzeugen benannt werden. Da gibt es die Gruppe „Hammer" für die Kletterlandschaft, die Gruppe „Spaten" baut die Berg- und Talbahn, die Gruppe „Säge" fertigt die Wippe an, die drei Leute von der Gruppe „Schraubenzieher" arbeiten am Karussell und schließlich beschäftigt sich die Gruppe „Zange" mit der Riesenrutsche.

Alle bekommen einen Aufbauplan und dann kann es losgehen. Halt, einen Moment noch! Richtige Arbeiter sind auch gute Kumpels, wenn eine Gruppe ihr Gerät fertiggestellt hat, hilft sie selbstverständlich denen, die noch nicht alles geschafft haben. Das ist doch Ehrensache!

Als Spielplatzerfinder und Spielplatzbauer sind wir natürlich die ersten, die, wenn alles fertig ist, die neuen Geräte ausprobieren dürfen.

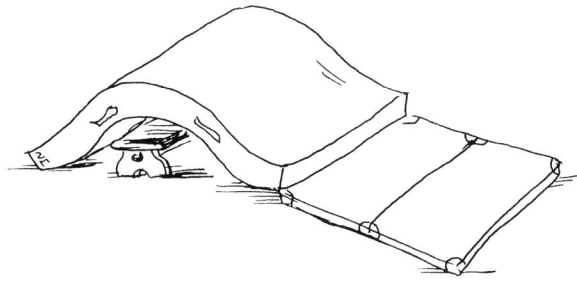

Berg- und Talbahn

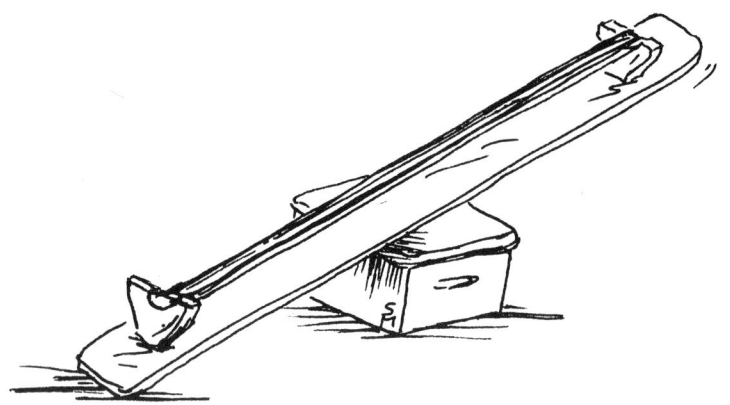

Wippe

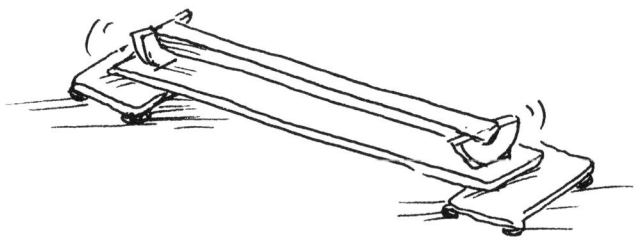

Karussell

Kletterlandschaft   Riesenrutsche

110

Thema: Kinderzimmer

Findet ihr das nicht auch ärgerlich, daß man in seinem Kinderzimmer immer nur mit den Spielsachen aus der Spielkiste spielen darf? Wäre es nicht ganz toll, wenn wir heute einmal mit den Möbeln im Kinderzimmer bauen und turnen könnten? Na klar, wußt ich's doch.

Aber ihr wißt ja, zuerst müssen die Möbelpacker die Einrichtung hier in der Turnhalle aufstellen. Jedes Möbelstück wurde in einem anderen Möbelgeschäft gekauft, und nun rücken alle hier an und wollen aufbauen.

Die Firma Möbel-Schreiner bringt das Hochbett, bei der Firma Möbel-Nagel haben wir das Bücherregal bestellt und bei Möbel-Lustig den begehbaren Kleiderschrank. Die Couch liefert die Firma Möbel-Springer und schließlich kommt aus dem Supermarkt noch der große Tisch. Alle Möbel sind in einzelne Teile zerlegt, aber zum Glück haben die Leute eine genaue Zeichnung dabei, nach der sie alles aufbauen. Na, dann viel Glück und denkt daran, die Möbel dürfen erst benutzt werden, wenn das Zimmer komplett eingerichtet ist.

Bücherregal

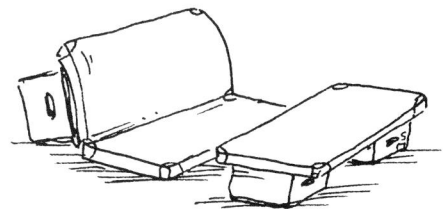

Tisch und Couch

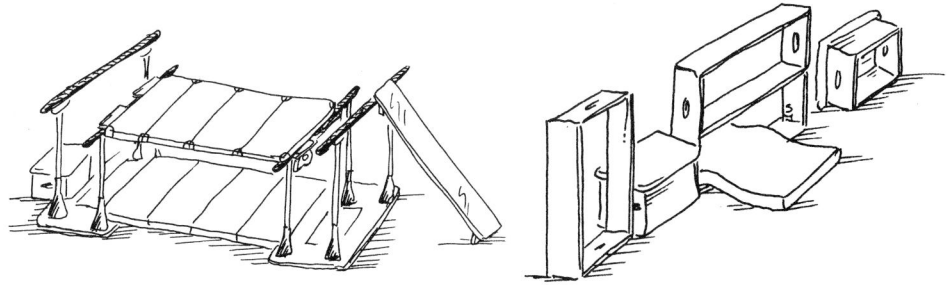

Hochbett   Kleiderschrank

Thema: Dschungel

Die Übungsleiterin befestigt vor der Turnstunde an allen Geräten, die für diese Bewegungslandschaft benötigt werden, lange Wollfäden verschiedener Farbe, die sie dann unter dem Garagentor des Geräteraumes bis in die Turnhalle führt.

Wenn die Kinder in die Halle kommen, stimmt die Übungsleiterin sie auf das Thema der Stunde ein:

Im Dschungel herrscht großes Durcheinander. Ein Unwetter ist über alles, was im Weg stand, hinweggefegt und hat es zu einem wüsten Haufen zusammengeschoben. Hier müssen wir einmal gründlich aufräumen! Schaut einmal, dort gucken viele Enden von Schlingpflanzen heraus. Jedes Kind nimmt sich eine Liane und holt das Teil, was daranhängt aus dem Durcheinander heraus. Wenn das Teil schwer ist, hängen auch schon einmal mehrere Lianen gleicher Farbe daran, für euch heißt das, daß ihr gemeinsam arbeiten müßt.

Wenn wir alles, was wir benötigen, aus dem Durcheinander herausgeschafft haben, schauen wir uns eine Landkarte an und bauen danach unseren Dschungel auf.

Wenn alles aufgebaut ist, haben wir eine wunderschöne Dschungellandschaft vor uns. Doch bevor wir uns daranmachen, alles zu entdecken und zu untersuchen, müssen wir noch lernen, wie man sich verhält, wenn gefährliche Tiere kommen:

Also, wenn sich ein Tiger anschleicht, muß man ihm zeigen, wie stark man ist! Spannt eure Muskeln an und fühlt gegenseitig, ob sie hart sind. Wenn ein Krokodil in der Nähe ist, stellt ihr euch ganz steif und starr hin, damit das Krokodil denkt, ihr wärt ein alter Baum. Das müssen wir noch kurz üben: Als Zeichen für ein Krokodil klopfe ich mit einem Holz auf den Boden, vor einem Tiger warne ich euch mit einem Schlag auf die Trommel.

Wenn ihr gleich im Dschungel herumtobt, hört immer gut hin, ob ich euch vor einem gefährlichen Tier warne und reagiert entsprechend, damit ja nichts Schlimmes passiert.

Affenfelsen

Hängebrücke   Raubtierfalle

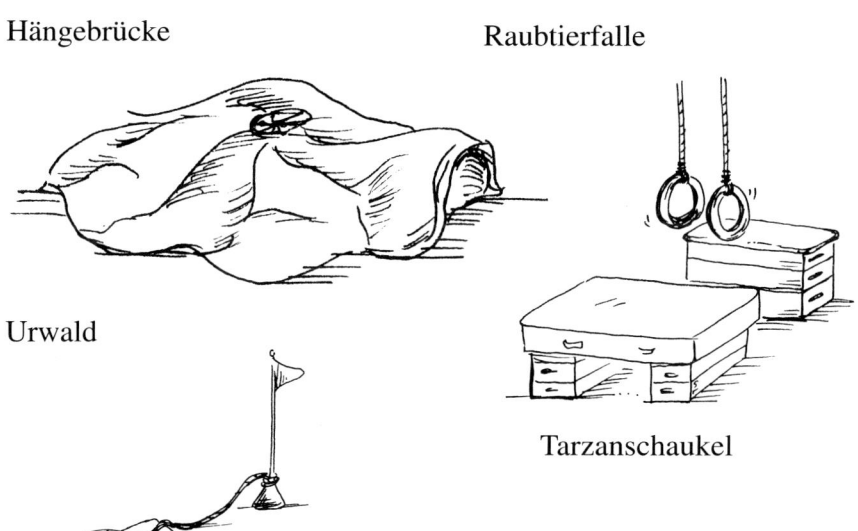

Urwald

Tarzanschaukel

Überqueren eines reißenden Flusses

Silbersee

Musik und Bewegung

Es muß leider davon ausgegangen werden, daß viele Eltern nur noch selten mit ihren Kindern singen. Da aber bei den Kindern in dem Alter, das in diesem Buch angesprochen wird, das einheitliche Empfinden von Musik und Bewegung noch stark ausgeprägt ist, kommt dem Einsatz von Sprechreimen, spielbaren Kinderliedern und dem gezielten Einsatz von Musik als Mittel zum Freisetzen von Phantasie und Kreativität eine besondere Rolle zu. Im Zusammenspiel von Bewegung, Singen, Musizieren und Tanzen wird der Forderung nach einer ganzheitlichen Bewegungserziehung im Kleinkindbereich entsprochen.

• Das gesungene und gespielte Lied darf in keiner Kleinkinderturnstunde fehlen.
• Bei der phantasievollen Gestaltung von Sprechreimen und Kinderliedern können auch die weniger bewegungsbegabten Kinder wichtige Beiträge leisten und durch diese Erfolgserlebnisse ihr Selbstwertgefühl stärken.
• Gemeinsam gestaltete und gesungene Lieder machen Spaß, fördern das Gruppengefühl und erfordern Kooperation. Hier lernen Kinder, die Ideen und Vorschläge anderer Kinder zuzulassen und sich ihnen anzupassen, aber auch, ihre eigenen Vorschläge einzubringen und sie gegebenenfalls gegenüber der Gruppe zu behaupten.
• Die Freude am Singen, Spielen und Gestalten kann beim Kind wachsen, wird mit nach Hause genommen und bleibt folglich nicht nur auf die Turnstunde beschränkt.

Gemeinsam gesungene und gespielte Lieder bedeuten aber nicht nur einen Wert an sich, sie übernehmen auch wichtige Funktionen im Ablauf einer Turnstunde:

Das schon zum **Ritual** gewordene, immer wiederkehrende Lied zum Anfang und Abschluß einer Stunde, gibt den Kindern einen Ordnungsrahmen, an dem sie sich orientieren können. Die Erfahrung zeigt, daß jedesmal dann, wenn die Übungsleiterin ein neues Abschlußlied einführen will, die Kinder dies zwar bereitwillig mitsingen und -spielen, danach aber noch nach ihrem gewohnten „Nach-Hause-Geh-Lied" verlangen. Dieses Verhalten macht deutlich, wie wichtig für die Kinder „ihr" Abschlußlied ist.

Bei der Entwicklung von **Bewegungsgeschichten** kommt dem Lied eine besondere Bedeutung zu. Oft ist der Text eines Liedes der Ausgangspunkt für die Erzählung: Seine oft ganz einfache Handlung ist Ideengeber nicht nur für die Übungsleiterin, sondern auch für die Kinder, die ihre Vorstellungen mit in die Geschichte einbringen.

Immer wieder kommt es vor, daß man bei fortschreitender Handlung der Erzählung an eine Stelle gelangt, wo ein neues Lied eingeflochten und die Geschichte damit weitergesponnen werden kann. Dieses Einbinden von gespielten Liedern belebt und lockert eine Bewegungsgeschichte auf und bringt sie immer wieder zu neuen Höhepunkten.

Die Auswahl der Lieder muß von der Übungsleiterin so getroffen werden, daß sowohl Melodie als auch Text der Erlebniswelt der Kinder entsprechen und ihrem Entwicklungsstand angepaßt sind.

Manchmal ist es nötig, den Kindern eine **Ruhephase** zu „verordnen", zum Beispiel dann, wenn das Temperament mit der gesamten Gruppe durchgeht und/oder der Geräuschpegel gar zu hoch schnellt. Hier kann das Singen und Spielen eines ruhigen Kinderliedes helfen, denkbar ist aber auch, sich im Kreis zu versammeln und ihnen ein Fingerspiel anzubieten.

Nicht ohne Grund werden einige Fingerspiele in den Familien mündlich von einer Generation zur anderen weitergegeben und wandern ohne Abnutzungserscheinungen seit Jahrzehnten durch die Kindergärten. Mit ihrer Hilfe können wertvolle pädagogische Ziele in die Praxis umgesetzt werden, noch dazu ohne erhobenen Zeigefinger sondern mit viel Spaß beim gemeinsamen Spiel. Hier haben die Kinder Kontakt mit geformter Sprache, mit Rhythmus und Reim, ihr aktiver und passiver Wortschatz wird erweitert, das Gedächtnis geschult und die Koordinations- und Konzentrationsfähigkeit gefördert. Weiterhin wird durch das gemeinsame Sprechen, Spielen und Singen das Gruppengefühl gefördert, noch abseits stehende Kinder können integriert werden.

Die folgende Sammlung von Fingerspielen und spielbaren Kinderliedern kann nur ein kleiner Querschnitt durch die Vielzahl von Liedern sein, die sich dazu eignen, in unseren Kleinkinderturnstunden eingesetzt zu werden.

In der Hauptsache werden die Kinderlieder hier abgedruckt, die in den Bewegungsgeschichten (Seiten 33-52) angesprochen wurden. Einige Lieder für den Anfang und das Ende der Stunde vervollständigen die kleine Liedsammlung.

Sprechreime und Fingerspiele

Fünf Freunde

Fünf Freunde sitzen dicht an dicht,
sie wärmen sich und frieren nicht.
Der erste sagt:"Ich muß jetzt geh'n",
der zweite sagt:"Auf Wiedersehn",
der dritte hält's auch nicht mehr aus,
der vierte läuft zur Tür hinaus.
Der fünfte ruft: „He, Ihr, ich frier!"
Da wärmen ihn die anderen vier.

Die fünf Freunde sind die Finger der
Hand. Nach und nach verabschiedet sich
einer nach dem anderen, wobei der kleine Finger beginnt.

Der Daumen ruft dann alle wieder zusammen, die vier Finger umschließen
ihn.

Der lange Zug

Und **dann** sind **wir** ein **lan**ger **Zug**,
er **schnauft** und **schnauft,** der **lan**ge **Zug**.
Du **glaubst** es nicht, wie **schwer** das ist,
du **glaubst** es nicht, wie **schwer** das ist.
Geht schon besser, **geht** schon besser,
geht schon besser, **geht** schon besser,
tscht, tsch, tsch, tsch-**tsch**, tsch, tsch, tsch..

Die Gruppe stellt einen Zug dar und
macht durch akzentuiertes Sprechen der
Zischlaute das Schnaufen der Lokomotive deutlich.
Der gemeinsame Rhythmus beim
Stampfen entsteht durch Betonung der
fettgedruckten Silben.

Das Karussell

Langsam, langsam fängt es an,
immer schneller geht es dann.
Sausend schnell, sausend schnell,
dreht sich unser Karussell.
Bis es wieder langsam geht
und ... dann ... steht.

Dieser Sprechreim kann mit vielen Klein
geräten (Zauberschnur, Seil, Tuch etc.)
gespielt und gestaltet werden. Wichtig ist,
daß die Geschwindigkeiten, die der Text
vorgibt, sprachlich und in der Bewegung
entsprechend umgesetzt werden.

Anfangslieder und Abschlußlieder

Hurra, jetzt sind wir da

Hurra, jetzt sind wir da!
Hurra, jetzt sind wir da,
wir hüpfen wie ein Gummiball,
wir hüpfen hier und überall.
Jetzt schleichen wir ganz leise,
nun dreh'n wir uns im Kreise.
Hurra-hurra, hurra-hurra,
jetzt sind wir alle da!

Gestaltungsanregung:

Frei durch den Raum hüpfen und dabei in die Hände klatschen.
Mit Schlußsprüngen auf der Stelle hüpfen.
Leise vorwärtsschleichen und danach auf der Stelle drehen.
Wieder vorwärtshüpfen und dazu klatschen.

Herschau'n

Her - schau'n,   hal - lo!   Her - schau'n,   hal - lo!

Her - schau'n,   hal - lo!   Jetzt fan - gen al - le an.

Al - le mit - ein - an - der an, - an - der an, - an - der an;

al - le mit - ein - an - der an, mit - ein - an - der an.

Herschau'n - hallo, herschau'n - hallo,
herschau'n - hallo, jetzt fangen alle an.
Alle miteinander an, -ander an, -ander an,
alle miteinander an, miteinander an.

Und womit fangen wir an?
Mit klatschen, stampfen, hüpfen auf der Stelle oder im Kreis, Seitgalopp im Kreis, einen Partner einhaken und umeinander herumtanzen usw.

Hallo, hallo, schön, daß du da bist

Hallo, hallo, schön, daß du da bist.
Hallo, hallo, schön, daß du da bist.
Die Hacken und die Spitzen,
die wollen lieber sitzen,
die Fersen und die Zehen,
die wollen lieber gehen.

Gestaltungsanregung:

Frei im Raum durcheinandergehen, dabei entgegenkommenden Kindern zuwinken.
Partner anfassen, Ferse und Spitze aufsetzen, gemeinsam in die Hocke gehen, sich danach vom Partner trennen und wieder frei im Raum bewegen. Lied mehrmals wiederholen.

Kommt, ihr Kinder

Kommt, ihr Kinder, laßt uns hüpfen, darauf freut sich jeder hier.
Kommt, ihr Kinder, laßt uns hüpfen, miteinander hüpfen wir.
Miteinander, miteinander, miteinander hüpfen wir!

... laßt uns klatschen,
... laßt uns stampfen,
... laßt uns hampeln,
... laßt uns tanzen,
... laßt uns rennen.

Wir klatschen in die Hände

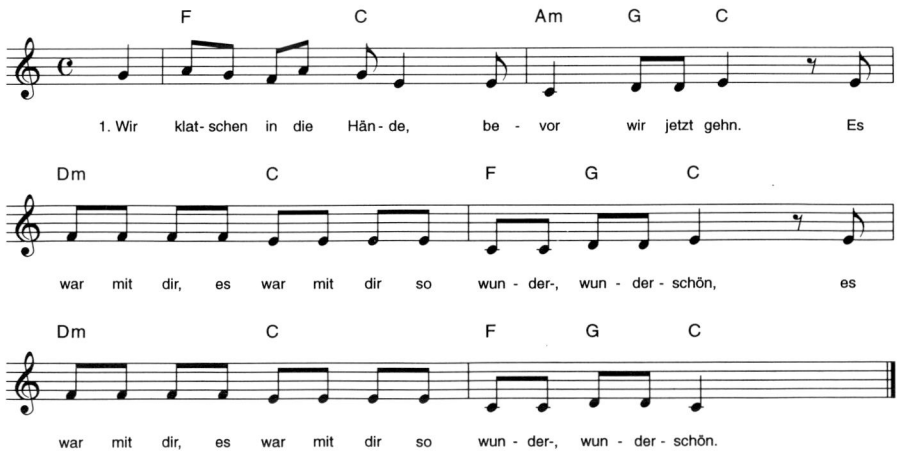

Wir klatschen in die Hände,
bevor wir geh'n.
Es war mit Dir, es war mit Dir
so wunder-, wunderschön,
es war mit Dir, es war mit Dir
so wunder-, wunderschön.

Wir stampfen auf den Boden ...
Wir hüpfen auf der Stelle ...
Wir drehen uns im Kreise ...
Wir winken uns zum Abschied.

Text: Reinhard Feuersträter
Musik: Reinhard Horn
aus: MC „Bärenstark 1" und Liederbuch „Spiele, Töne, Spaß und Lieder" erschienen im
KONTAKTE Musikverlag
Ute Horn
Holtackerweg 26
59558 Lippstadt 02941/57557

Meine beiden Hände

Mei - ne bei - den Hän - de mit zehn Fin - gern dran
kön - nen ganz laut klat - schen, hört euch das mal an

kön - nen klat - schen, hört euch das mal an.

Meine beiden Hände mit zehn Fingern dran,
können ganz laut klatschen,
hört Euch das mal an.
Können klatschen, hört Euch das mal an.

Können patschen...
können zappeln...
können kitzeln...
können streicheln...
können winken, schaut Euch das mal an.

Lied: Meine beiden Hände (Nr. 50505)
Text: Marina Palmen
Musik: Ludger Edelkötter
aus: Hallo du im Nachbarhaus IMP 1018
Alle Rechte im IMPULSE-Musikverlag Ludger Edelkötter, 48317 Drensteinfurt

Lieder aus den Bewegungsgeschichten

Ging einmal im Regen

Ging ein- mal im Re - gen, Re - gen, Re - gen ei - ne lan - ge Stra - ße auf und ab. Wer kam mir ent - ge - gen, ge - gen, ge - gen? Ei, da nahm ich schnell mein Hüt - chen ab. Tra la la, fi - de - ra la la, fi - de- ra la la la la la la la tra la la fi - de - ra la la fi - de - ra la la la la la.

Ging einmal im Regen, Regen, Regen,
eine lange Straße auf und ab.
Wer kam mir da entgegen, -gegen, -gegen?
Ei, da nahm ich schnell mein Hütchen ab.
Tralala, fideralala, fideralalala la la la,
 tralala, fideralala, fideralalalala.

Danach kam dann die Sonne, Sonne, Sonne
und da war der Regen wieder fort.
Da tanzten wir vor Wonne, Wonne, Wonne
in vielen kleinen Kreisen gleich am Ort.
Tralala ....

Gestaltungsanregung:

Strophe 1: Alle gehen einzeln durch den Raum, man bleibt vor einem Entgegenkommenden stehen und verbeugt sich. Danach hüpft das Paar in Handfassung umeinander.

Strophe 2: Man geht gemeinsam weiter und zeigt mit weitausholender Bewegung die Sonne. Dabei sucht man weitere Paare, bildet mit ihnen einen Kreis und tanzt.

Auf einer grünen Wiese

Auf einer grünen Wiese, da steht ein Karussell,
das fängt an, sich zu drehen, erst langsam und dann schnell.
Einsteigen - festhalten - losfahren!
Schrumm, schrumm, schrumm,
das Karussell geht um,
und alle Kinder fliegen im Kreis herum.
Gestaltungsanregung:

Eine Zauberschnur wird zum Kreis zusammengeknotet. Die Hälfte der Kinder faßt an dieser Schnur an, während die anderen außerhalb des Kreises spielen.

Bei „Einsteigen - festhalten - losfahren" kommen die spielenden Kinder zur Schnur, fassen sie an und das nunmehr besetzte Karussell setzt sich in Bewegung.

Erst kommt der Sonnenkäferpapa

Erst kommt der Sonnenkäferpapa,
dann kommt die Sonnenkäfermama.
Und hinterdrein, so klimperklein,
die Sonnenkäferkinderlein.

Sie haben rote Röckchen an,
mit vielen schwarzen Punkten dran.
Sie machen ihren Sonntagsgang
auf uns'rer Fensterbank entlang.

Jetzt woll'n wir auf die Wiese geh'n
und all' die bunten Blumen seh'n.
Wir tanzen fröhlich Ringelreihn,
zuerst allein und dann zu zwein.

Jetzt muß das Lied zu Ende sein,
denn müde sind die Käferlein.
Sie breiten ihre Flügel aus
und fliegen alle schnell nach Haus.

Gestaltungsanregung:

Bei den beiden ersten Strophen wird auf der Kreislinie gespielt, danach freies Bewegen im Raum.
Die Ausführung wird durch den Text vorgegeben.

Die kleine Schnecke

Ich bin die kleine Schnecke in meinem Haus.
Ich rühr' mich nicht vom Flecke und komm' nicht raus.
Schneck' im Haus, komm heraus, strecke deine Fühler aus.

Gestaltungsanregung:

Auf die Fersen setzen, die Arme nach hinten strecken und den Kopf einziehen.
Die beiden ersten Zeilen werden in dieser Körperhaltung gesungen. Danach mit den Händen vorwärtslaufen, die Knie bleiben am Ort, so daß man schließlich auf dem Bauch liegt. Die Zeigefinger werden als Fühler an den Kopf gehalten.

Die Eisenbahn, die Eisenbahn

Die Ei - sen - bahn, die Ei - sen - bahn bringt
fah - ren gut und sehr be - quem in
uns von Köln nach Ha - gen. Wir
ei - nem gro - ßen ─────── Wa - gen. Wir
fah - ren gut und sehr be - quem in
ei - nem gro - ßen Wa - gen. tsch.........

Stationsvorsteher: „Rückwärts fahren!"
„Die Eisenbahn, die Eisenbahn ..."
Stationsvorsteher: „Umsteigen!"

Stationsvorsteher: „Vorsichtig rangieren!"
„Die Eisenbahn, die Eisenbahn ..."
Stationsvorsteher: „Alle aussteigen!"

Text: Lore Kleikamp
Musik: Detlev Jöcker
Aus: CD, MC und Liedheft „Und weiter geht's im Sauseschritt"
Rechte: Menschenkinder Verlag, 48157 Münster

Gestaltungsanregung:

Viele einzelne Waggons (Kinder) sind durch Kupplungen (Zauberschnur, Tücher etc.) miteinander verbunden.
Nach kurzer Fahrt in der Ebene, erreicht die Eisenbahn bergiges
Gelände und kommt nur ganz langsam vorwärts. Zusätzlich macht uns
die kurvenreiche Strecke zu schaffen. Nachdem endlich die Bergspitze
überwunden ist, geht es sehr schnell bergab. Auf einem Umsteige-
bahnhof müssen alle Reisenden ihren Zug verlassen und umsteigen.
Dabei werden andere Waggons hintereinandergehängt.
Kurz vor unserem Zielbahnhof hat der Weichensteller nicht aufgepaßt
und vergessen, die Weiche umzulegen. Zwangsläufig sind wir in die
falsche Richtung gefahren und müssen nun ein kurzes Stück rückwärts
rangieren. Aber auch diese Fahrt geht einmal zu Ende und wir fahren
schließlich in den Hagener Hauptbahnhof ein. Mit lautem Quietschen
und Bremsen kommt der Zug zum Stehen.

Der Briefträger kommt

1. Der Brief - trä - ger kommt, der Brief - trä - ger kommt. Er
2. Von Haus zu Haus trägt Brie - fe er aus. Von

hat die Ta-schen vol-ler Post mit lau-ter Post aus West und Ost. Der Brief - trä- ger kommt.
O - ber-mann bis Un- ter-mann von Kel-ler-mann bis Win - kel-mann bis oben un-ters Dach.

Der Briefträger kommt, der Briefträger kommt,
er hat die Taschen voller Post,
mit lauter Post aus West und Ost,
der Briefträger kommt.

Von Haus zu Haus, trägt Briefe er aus.
Von Obermann bis Untermann,
von Kellermann bis Winkelmann,
bis oben unter's Dach.

Gestaltungsanregung:

Durch den Raum gehen, die Briefumschläge oder Zeitungen während
des Singens immer wieder mit anderen Kindern tauschen.

Ich sitz' in meinem Flugzeug

Ich sitz in meinem Flugzeug und schaue über's Land.
Da unten stehen Leute und winken mit der Hand.

Jetzt dreh' ich eine Kurve, ihr Leute sollt mal seh'n,
wie ich in meinem Flugzeug mich rundherum kann dreh'n.

Jetzt geh ich langsam nieder, mein Ziel soll .... sein
und morgen flieg ich wieder, denn fliegen, das ist fein.

Die Gestaltung des Liedes geht aus dem Text hervor.

Tut, tut ein Auto kommt

Tut, tut, ein Auto kommt. Tut, tut, ein Auto kommt.
Ein Auto mit vier Rädern dran, damit man sicher fahren kann.
Erst fährt es eine Strecke, dann biegt es um die Ecke.
Ein Auto kommt, ein Auto kommt, ein Auto kommt, tut-tut.

Die Gestaltung des Liedes geht aus dem Text hervor. Es können unterschiedliche Kleingeräte (Reifen, Gummiring, Stab) zur Darstellung eines Lenkrades verwendet werden.

Unser kleiner Bär

Unser kleiner Bär im Zoo,
der schläft ganz tief und sacht.
Schnarcht mal laut, mal leise,
nach der Bärenweise.
Doch, wenn er erwacht, der Bär, paß auf, was er dann macht!

Gestaltungsanregung:

Gemeinsam überlegen, was der Bär gern macht, wenn er ausgeschlafen hat, z.B. recken und räkeln, auf dem Rücken wälzen, tanzen, mit seinem Freund Nachlaufen und Fangen spielen.

Musik und Bewegung

Wenn wir Musik mit unserem eigenen Körper erzeugen, kommen wir ohne weitere Hilfsmittel aus. Unsere Hände und Füße, aber auch der Mund sind hervorragende Instrumente, mit denen man sowohl einfache Texte begleiten, als auch rhythmische Akzente setzen kann. Hier ist unser Orchester:

> Klatschen in die Hände, auf die Oberschenkel,
> Patschen auf den Boden
> Stampfen
> Schnalzen und Schnipsen
> Sprechen

In der Partitur wechseln die einzelnen Körperinstrumente untereinander ab, antworten die Füße den Händen, oder eine Gruppe der anderen. Am folgenden Beispiel soll dies deutlich werden:

Text: Ringel, rangel, ratze,
wir tanzen mit der Katze.
Da kommt ein Hund gelaufen
und rennt uns über'n Haufen.

Gestaltung: Alle klatschen zum gesprochenen Text, die unterschiedliche Bewegungsgeschwindigkeit wird dabei deutlich gemacht.

oder
Die Kinder werden in zwei Gruppen aufgeteilt.
Die erste Gruppe klatscht zu den beiden ersten Zeilen,
Die zweite stampft zu den beiden letzten Zeilen.

oder
Die erste Gruppe setzt die beiden ersten Zeilen in Bewegung um, begleitet von der zweiten Gruppe, die dazu auf ihre Oberschenkel klopft.
Die beiden letzten Zeilen werden dann von der zweiten Gruppe gestaltet, die erste schnalzt dazu mit der Zunge.

Beim Einsatz von **Tonträgern** in der Kleinkinderturnstunde sollte sich die Übungsleiterin eine gewisse Beschränkung auferlegen. Musik soll nicht einfach im Hintergrund dudeln, sondern gezielt und bewußt eingesetzt werden. Musik vom Band kann verwendet werden:

- Zur Bewegungsintensivierung und Unterstützung der Bewegungsfreude
- Als Hilfe bei Bewegungsspielen, so zum Beispiel bei Musik-Stop-Spielen
- Zum Schaffen einer bestimmten Atmosphäre oder Stimmung (geheimnisvoll, entspannend ...)
- Zum Gestalten musikalischer Bewegungsgeschichten (siehe nachfolgende Beispiele)
- und, nur äußerst selten, zum Gestalten einfacher Bewegungsformen, eines einfachen Tanzes.
- **Nicht aber als Geräuschkulisse!**

Es gibt immer wieder Feste in den Turnvereinen, bei denen wir einfach nicht umhin können, auch mit unserer Kleinkinderturngruppe eine Vorführung zu erarbeiten und darzubieten. Selbstverständlich darf da auch einmal eine normierte, ausgezählte kleine Bewegungsgestaltung nach Musik gezeigt werden. Im Vordergrund sollte aber immer die Aussage von Dr. Renate Zimmer, einer der führenden Sport-Wissenschaftlerinnen, stehen, die hier zitiert wiedergegeben wird.

„In jedem Fall sollte das Tanzen nicht auf ein Ergebnis ausgerichtet sein, auf vorzeigbare Formen oder einstudierte Bewegungsabläufe, da dies die Kinder in ihrem Bewegungsbedürfnis und in ihrer spontanen Ausdrucksfähigkeit sehr einschränken würde.

Tanzen sollte Kindern vielmehr *Spielräume eröffnen* für

* den Gewinn intensiver Körper- und Bewegungserfahrungen,
* das Erweitern der eigenen Ausdrucksfähigkeit,
* das Erproben kreativer Gestaltungsformen,
* die Entwicklung von Bewegungsrhythmus,
* das Verarbeiten von Erlebnissen und Gefühlen.“

Praktische Beispiele

Herzlich willkommen, schön, daß Du da bist
Musik aus: „Singen macht Spaß", Rolf Zuckwoski

Bewegen zur Musik, bei Musikstops möglichst viele Körperkontakte mit anderen Kinder anstreben (z. B. Händeschütteln, auf die Schulter klopfen, über das Haar streichen, mit dem Po berühren usw.).

Figurenlaufen

Zu einer Rock'n Roll-Musik laufen die Kinder zuerst einzeln durch die Halle und legen unterschiedliche Raumwege zurück. Es entstehen Schlangenlinien, Zickzack-Linien, Kreise, Dreiecke, Quadrate. Wesentlich schwieriger wird die Aufgabe, wenn sich zwei Kinder an den Händen halten und ihre Bewegungen im Raum aufeinander abstimmen müssen.

Immer mit Hut

Alle Kinder tragen einen Hut (Tennisring, Bohnensäckchen) auf dem Kopf. Zu einer flotten Musik laufen sie durch die Halle und grüßen alle Entgegenkommenden, indem sie ihren Hut abnehmen.
Variante: Mit entgegenkommenden Kindern den Hut tauschen.

Wechselspiel

Musik „Wechselspiel" aus: Springinsfeld, Fidula-Verlag, Boppard oder jede deutlich in 2 Teile gegliederte Musik

Bei der Musik „Wechselspiel" sind deutlich zwei in Tempo und Rhythmus differierende Musikteile (gehen und laufen) zu erkennen. Diese sollen von den Kindern herausgefunden und in unterschiedliche Bewegungen umgesetzt werden.
Zur schnellen Musik bewegen sich alle Kinder frei im Raum und versammeln sich bei dem langsamen Musikteil an einem vorher vereinbarten Ort, wo sie den Rhythmus mit den Händen auf den Boden klopfen.

Variationen: Bei bestimmten Musikteilen auf der Stelle bewegen oder mit dem Finger in die Luft schreiben oder mit farbigen Stiften auf eine Tapetenrolle malen.

Musik-Stop-Spiele

Musikstop-Spiel mit Aufgaben

Laufen zu instrumentaler Musik. Bei Musikstop sucht sich jedes Kind einen Partner, mit ihm zusammen erfüllt es die von der Übungsleiterin gestellten Aufgaben. Beim Wiedereinsetzen der Musik beginnt eine neue Laufphase, beim nächsten Musikstop suchen sich die Kinder jeweils einen anderen Partner. Bei allen Aufgaben werden die Rollen getauscht.

Mögliche Aufgaben:

A und B fassen sich an beiden Händen. Beide versuchen, sich gegenseitig auf die Füße zu treten.
A und B geben sich die rechten Hände und versuchen, sich gegenseitig auf den Po zu hauen.
A bildet einen Zaun, B kriecht hindurch
A baut eine Brücke, B kriecht hindurch
A + B fahren miteinander Eisenbahn
A + B machen eine „Mühle"
A + B spielen Nachlaufen und Fangen
A + B fahren Schubkarren
A läuft um B herum und springt über die im Sitzen gegrätschten Beine von B
A kullert B wie einen Baumstamm durch die Halle.

Musikalische Bewegungsgeschichten

Zur Musik eine Geschichte erzählen, das ist gemeint, wenn wir von der musikalischen Bewegungsgeschichte sprechen. Dabei können wir der Phantasie freien Lauf lassen und die Geschichte nach unserem eigenen Empfinden durch den Körper ausdrücken.

Zu schwer für kleine Kinder?

Nein, denn eigentlich ist Kindern mitgegeben, sich spontan und ungezwungen zu bewegen und damit ihren Stimmungen und Gefühlen Ausdruck zu geben. Ein Versuch lohnt sich bestimmt.

Natürlich dürfen wir von kleinen Kindern nicht verlangen, daß sie eine abstrakte Geschichte darstellen oder ein Thema „bespielen", das außerhalb ihrer Erfahrungs- und Erlebniswelt liegt. Bei Beispielen aus dem Alltag der Kinder kommt es aber zu spontanen und kreativen „Gestaltungen".

Hier können sich auch weniger bewegungsbegabte Kinder mit in die Stunde einbringen und evtl. der Gruppe durch besonders kreative Vorschläge weiterhelfen.

Riesen und Zwerge
Musik: Seven jump, Fidula-Verlag, Boppard

Beginnen wir mit einer ganz einfachen Geschichte: Im Wald leben Riesen und Zwerge, die aber nie gemeinsam, sondern nur nacheinander in Erscheinung treten.

Die Musik von Seven jump setzt sich aus Laufteilen zusammen, ihnen folgen Piep-Töne, die unterschiedlich lang sind, bei jeder Strophe kommt einer dieser Töne neu hinzu.

Jeder Piep-Ton steht nun für einen Waldbewohner, kommt ein neuer Ton, kommt auch ein anderes Wesen. Riesen und Zwerge zeigen sich abwechselnd.

Die Autofahrt
Musik: Eine Dixie-Musik, die sich in einen langsamen und schnellen Teil gliedert, z. B. Crazy Daisy. Bei einem Doppel-Desk-Recorder kann man sich mit zwei unterschiedlichen Musikstücken helfen, die man abwechselnd einspielt.

Zum schnellen Teil fahren alle Kinder mit ihren gedachten Lenkrädern und flotten Autos durch die Halle. Beim jeweils langsamen musikalischen Zwischenteil passieren Dinge, die die Übungsleiterin durch Zuruf eingibt und die pantomimisch dargestellt werden. Zum Beispiel:

- Es beginnt zu regnen, die Scheibenwischer werden eingeschaltet
- Die Ampel ist rot, wir müssen warten
- Der Tank ist leer, wir müssen Benzin nachfüllen
- Ein Reifen ist platt, er muß gewechselt werden
- Wir stehen im Stau und unterhalten uns mit anderen Autofahrern.

Tierzirkus
Musik: Fidula-Verlag, Boppard

In diesem Zirkus kommen 5 Tiergruppen in die Manege und zeigen ihre Kunststückchen. Zuerst sind da die Elefanten, sie benutzen Gymnastikseile, nehmen sie in ihre Rüssel und bilden somit lange Elefantenschlangen. Danach stapfen sie zu zweit oder in kleinen Gruppen hintereinanderher. Elefanten können sich auch auf dem Rücken wälzen oder über Podeste (kleine Kästen) balancieren und sich dort auf den Hinterbeinen um die eigene Achse drehen.
Die zweite Nummer zeigen die Affen. Sie spielen mit Bällen, werfen, prellen und rollen diese in freier Ordnungsform, außerdem jagen sie sich durch die Manege oder machen gegenseitige Körperpflege.
Danach folgen die Zirkuspferde. Sie traben oder galoppieren zu zweit nebeneinander her, springen über Stangen (Gymnastikstäbe), scharren mit den Hufen, drehen sich im Kreis auf der Stelle, schlagen mit den Hinterbeinen aus und verbeugen sich.
Die Bären haben dicke Bälle oder Luftballons mitgebracht, klemmen sie sich zu zweit zwischen die Bäuche, tanzen schwerfällig in der Manege. Sie balancieren gern auf breiten Stegen (Langbank) und können sogar Rollerfahren (Teppichfliese).
Als letztes sehen wir die gefährlichen Tiger. Sie schleichen umher, rollen sich auf dem Rücken, fauchen und schlagen mit ihren Pfoten aus. Als artistischen Höhepunkt zeigen sie Sprünge durch hochgehaltene Reifen bis sie dann durch einen Reifengang aus der Manege verschwinden.

In den Zoo gehen wir
Musik: „Spiel mit mir, mein Kuscheltier", Pipo Verlag, Neumünster

Wir spielen zur B-Seite (Halbplayback) der Kassette und machen daraus ein Ratespiel.

Zum Refrain gehen oder hüpfen alle gemeinsam durch den Zoo und treffen sich bei jedem neuen Instrumentalteil an einer verabredeten Stelle, um mit Hilfe der Musik und der Tiergeräusche die jeweiligen Tiere zu erraten. Gemeinsam wird überlegt, wie sich das gerade musikalisch angesprochene Tier bewegt und welche Besonderheiten es hat. Ein mitgebrachtes Bilderbuch, in denen Elefant, Affe, Löwe, Känguruh, Seehund und Giraffe abgebildet sind, können dabei helfen. Danach wird der Instrumentalteil zurückgespult und dieser frei nach der Phantasie der Kinder in Bewegung umgesetzt. Zum gesungenen Refrain geht dann der Ausflug durch den Zoo weiter bis wir beim nächsten Tier angekommen sind.

Die freie Bewegungsgestaltung zu dieser Musik kann durch das Hinzunehmen von Bällen, Reifen, Stäben usw. aber auch durch Großgeräte (Lebensräume der Tiere bauen) erweitert werden.

Wahrnehmungsförderung

Ein Teilbereich der Rhythmik, die sich zum Ziel setzt, den Menschen in seiner Ganzheitlichkeit zu fördern, ist die Wahrnehmungsförderung. Die Fähigkeiten zur differenzierten Wahrnehmung sind bei den Kleinkindern zwar schon weitgehend entwickelt, jedoch verhindert oft eine Überflutung – besonders durch Farben, Formen und Geräusche (zu viel Spielzeug, Fernsehen, Video, Verkehrslärm etc.) – die Aufnahme von gezielt gesetzten Reizen.

Spiele mit lauten und leisen, hellen und dunklen Tönen sowie Spiele mit Musikstops können die **akustische** Wahrnehmung (hören – horchen – unterscheiden) fördern, ebenso wie Spiele mit Farben und Formen die **optische** (schauen – beobachten – unterscheiden) und solche mit kalten und warmen, rauhen und glatten, weichen und harten, runden und kantigen Materialien die **taktilen Erfahrungen** (greifen – tasten – fühlen – unterscheiden) der Kinder erweitern. Bei der **kinästhetischen Wahrnehmung** geht es darum, das eigene Bewegungsempfinden bewußt zu machen, den Kindern nahezubringen, welches Gefühl z.B. Spannung und Entspannung im Körper auslösen (spannen – entspannen – unterscheiden).

Bei allen diesen Wahrnehmungsspielen werden gleichzeitig Konzentration und Gedächtnis der Kinder beansprucht und gefördert, denn das Aufnehmen von Sinneseindrücken und das folgerichtige Umsetzen setzt uneingeschränkte Aufmerksamkeit voraus.

Nicht zufällig begleitet die Förderung der akustischen, optischen und taktilen Wahrnehmung die Schulung des Gefühls für Raum und Zeit, denn jede Bewegung – und sei sie noch so klein – ist eine Bewegung im Raum; zu jeder Bewegung braucht man Zeit, um sie auszuführen. Zum Beispiel lernt ein Kind abzuschätzen, wieviel Zeit notwendig ist, wie schnell oder langsam es also laufen muß, um beim Kreuz- und Querlaufen durch die Halle nicht mit einem anderen Kind zusammenzustoßen. Und es lernt auch, daß die Turnhalle nicht unendlich ist, daß es, bevor es die Wand erreicht, rechtzeitig sein Lauftempo drosseln muß, damit es rechtzeitig zum Stehen kommt und sich nicht verletzt.

Bei allen Spielen zur Wahrnehmungsförderung kommt auch die soziale Komponente nicht zu kurz, die vom Kind verlangt, daß es sich zum einen auf die Bewegungen seiner Freunde einstellt, um diese nicht zu behindern, daß es aber auch mit Selbstbewußtsein den von ihm selbst benötigten Spielraum behauptet.

Die Übungsleiterin muß darauf achten, daß sie die Kinder bei den Spielen zur Sinneswahrnehmung nicht überfordert, denn oft sind diese Spiele wenig bewegungsintensiv und stellen eine hohe Anforderung an die Konzentrationsfähigkeit.

Spiele zur Förderung der räumlichen Orientierung

Wie groß ist die Turnhalle?

Ein riesengroßer, leerer Raum tut sich vor den Kindern auf. Mit Gänsefüßchen dauert es eine kleine Ewigkeit, bis man von einer Seite zur anderen gelangt. Wie empfinden die Kinder die Größe der Halle, wenn sie sie durchschreiten oder kreuz und quer in ihr herumlaufen?
Wie sieht die Halle aus, wenn man auf dem Rücken liegt oder durch die gegrätschten Beine schaut?

Wo ist mein Haus?

Im Raum werden viele Reifen verteilt und jedes Kind sucht sich einen davon als „Wohnung" aus. Es merkt sich genau den Platz, an dem sein Reifen liegt, kann sich frei im Raum bewegen und findet dennoch immer wieder „nach Hause" zurück.
Etwas schwerer wird es, wenn die Übungsleiterin nach einer Laufphase möchte, daß man sich vor, neben, hinter, über oder auf das Haus stellt (hockt, setzt, etc.) und sie womöglich auch noch ihre Stellung in der Halle verändert (vor/hinter steht im Bezug zur Übungsleiterin).
Eine weitere Schwierigkeit bei der Orientierung im Raum kommt hinzu, wenn zu dem Wohnhaus noch ein Ferienhaus (zweiter Reifen) oder sogar noch ein Wohnwagen (dritter Reifen) kommt und man sich nach einer Laufphase mal hier und mal dort einfinden soll.

Spiele zur Förderung der optischen Wahrnehmung

Seifenblasen

Die Übungsleiterin und je nach der Größe der Gruppe zwei bis drei Helfer (z.B. größere Kinder) pusten an verschiedenen Stellen in der Halle viele Seifenblasen hoch in die Luft. Eine Gruppe von 4-6 Kindern wird jeder „Seifenblasen-Quelle" zugeordnet.
Die Aufgaben können lauten:

Lauft unter dem Seifenblasenregen hindurch, ohne von einer einzigen getroffen zu werden.
Sucht euch jeder eine Seifenblase aus und versucht, diese mit dem Kopf, dem Knie, dem Po, Arm oder Bein zu fangen.
Sucht euch jeder eine Seifenblase aus, verfolgt sie mit den Augen und legt euch, wenn sie platzt, blitzschnell auf den Bauch (Rücken, geht in die Hocke, etc.).
Schaut euch die in die Luft steigenden Seifenblasen an. Eine nach der anderen zerplatzt. Wer sieht die letzte Seifenblase?

Beobachtet die hochfliegenden Seifenblasen gut. Wartet, bis die letzte platzt, dann lauft ganz schnell in eine der vier Hallenecken, denn die Übungsleiterin (oder ein anderes, vorher benanntes Kind der Gruppe) versucht, euch zu fangen.

Kreis-Quadrat-Dreieck

Die Übungsleiterin hat einen Kreis, ein Dreieck und ein Quadrat aus Karton ausgeschnitten. Sie fragt die Kinder nach den Namen der geometrischen Formen und stellt die Charakteristika heraus.
Die Kinder legen mit Reifen, Seilen und Teppichfliesen viele dieser Figuren gut verteilt auf den Hallenboden.

Auf das Hochhalten einer der drei Figuren durch die Übungsleiterin reagieren sie, indem sie sich in ein entsprechendes Feld begeben. Damit die Bewegung nicht zu kurz kommt, darf zwischendurch immer wieder um alle Figuren herumgelaufen werden. Ein akustisches Zeichen (Tamburin, Handklatsch o.ä.) zeigt an, daß eine neue Figur hoch-

143

gehalten wird. Die Kinder schauen, in welche Form sie sich nun setzen (stellen, hocken) sollen.

Mit einem Partner kann dann das Spiel noch auf den taktilen Bereich ausgeweitet werden:

Das Kind A malt mit seinem Finger eine Form auf den Rücken von Kind B. Dieses sucht dann den richtigen Standort auf.

Spiele zur Förderung der akustischen Wahrnehmung

Hell und dunkel – Laut und leise

Mit dem Tamburin wird ein dunkler Ton erzeugt, mit einem Glöckchen ein heller. Alle Kinder bewegen sich im Raum, es wird zuerst verabredet, daß man bei einem dunklen Ton groß wie ein Riese wird und bei einem hellen Ton so klein wie ein Zwerg. Später kann ein dunkler Ton für eine laute Fortbewegung und der helle für leises Bewegen stehen.

Bei der nächsten Variante werden helle und dunkle Teppichfliesen ausgelegt. Zum hellen und dunklen Ton werden die dazugehörenden Fliesen aufgesucht.

Schnell und langsam

Als Beispiel für eine langsame Bewegung dient das Wort „Schnecke", die schnelle Bewegung wird mit dem Wort „Biene" umschrieben.

Ein Kind kann durch das Rufen dieser Worte das Bewegungstempo der anderen Kinder bestimmen, die Bewegungsart (z.B. rutschen, robben, fliegen, rennen) können diese selbständig wählen.

Der rollende Ton

Ein Klingelball oder eine Bocciakugel zeigen ihren Weg durch den Raum durch ein Geräusch an.

Die Kinder sitzen mit geschlossenen Augen auf dem Boden und folgen mit dem Zeigefinger dem Weg des Klingelballs, den die Übungsleiterin durch die Halle rollen läßt, oder sie bewegen sich mit geschlossenen Augen kriechend oder gehend in diese Richtung.

Klick und Klack

Viele Tischtennisbälle liegen noch ruhig in einer Schüssel. Mit Spannung warten die Kinder mit dem Rücken zur Übungsleiterin darauf, daß sie ausgeschüttet werden und durch das dadurch entstehende Geräusch das Zeichen zum Einsammeln gegeben wird. Je länger man mit dem Ausschütten wartet, um so gespannter warten die Kinder auf ihren Start.

Ein Tischtennisball wird aus unterschiedlichen Höhen fallengelassen. Wir hören uns zuerst das Klicken an, klatschen später den Rhythmus des prellenden Balles nach, hüpfen synchron mit dem Ball oder bewegen uns mit unserem Körper auf der jeweiligen Höhe des Tischtennisballes. Wenn dieser zu rollen beginnt, liegen alle Kinder flach auf dem Boden.

Spiele zur Förderung der taktilen Wahrnehmung

Spiele mit dem Zwillingsstück

Die Übungsleiterin bringt eine Anzahl von Kleinmaterialien in doppelter Ausführung mit in die Halle.
Es gibt mindestens ebenso viele Doppel, wie Kinder in der Gruppe sind. Hier einige Vorschläge:

2 Filmdosen	2 Kronkorken	2 Wäscheklammern	2 Tannenzapfen
2 Tischtennisbälle	2 Teelöffel	2 Radiergummis	2 Flaschenkorken
2 Streichholzschachteln	2 Teelöffel	2 Würfel	2 kurze Bleistifte
2 Holzkugeln	2 Spielsteine	2 Sektkorken	2 Schlüssel

Im ersten Teil des Spiels darf sich jedes Kind ein Teil aussuchen, die Doppel werden unter den Tücher versteckt.
Die Aufgabe an die Kinder lautet nun: Versucht das Zwillingsstück zu eurem Teil zu finden, ohne unter die Tücher zu schauen.
Eine Spielvariante wird als Partneraufgabe durchgeführt. Ein Kind (A) wählt ein Teil aus und versteckt es unter seiner Kleidung, ohne daß das andere Kind (B) sehen kann, was da versteckt wird. Die Doppel zu den versteckten Teilen liegen wiederum unter den Tüchern.
Kind B soll nun versuchen, das versteckte Teil zuerst durch die Kleidung zu ertasten und danach das Doppel unter den Tüchern auf die gleiche Weise herauszufinden. Anschließend Rollentausch.

Schwarzer Peter

In diesem „Schwarzer-Peter-Spiel" treten gefüllte Luftballons an die Stelle von Karten. Sie werden unaufgeblasen mit unterschiedlichen Materialien gefüllt und zugeknotet. Zum Füllen eignen sich Mehl, Zucker, Schmierseife, Wasser, Reis, Mais, Grieß, Kandiszucker, kleine Steinchen, Linsen, Erbsen, Bohnen usw. Wie beim Schwarzen Peter gibt es von jeder Sorte zwei gleiche Teile, der Peter aber ist nur einmal vorhanden. Die beiden Spielsätze werden am besten getrennt aufbewahrt.
Zuerst dürfen die Kinder das neue Spielgerät kennenlernen, es betasten und befühlen. Ist die erste Neugier gestillt, bekommt jedes Kind

146

vom ersten Satz plus Schwarzen Peter einen Luftballon. Alle Kinder setzen sich in einen Kreis und halten ihren Luftballon hinter dem Rücken in den Händen.

Die Übungsleiterin gibt nun vom zweiten Satz dem ersten Kind neben sich einen Luftballon in die Hand. Das Kind überprüft durch Tasten, ob es sich bei diesem Luftballon um sein Doppel handelt. Wenn ja, legt es sein Pärchen vor sich in den Kreis. Wenn nicht, wird der Luftballon so lange im Kreis weitergegeben, bis ein Kind sein Pärchen beieinander hat.

In der Zwischenzeit wurde schon der zweite, dritte usw. Luftballon in den Kreis gegeben und bald wird vor jedem Kind ein Luftballonpärchen liegen. Nur das Kind mit dem „Schwarzen Peter" findet kein Doppel, dafür darf es beim nächsten Durchgang den zweiten Satz Luftballons in Umlauf geben.

Spiele zur Förderung der kinästhetischen Wahrnehmung

Du bist ein Luftballon

Die Übungsleiterin hält einen unaufgeblasenen, schlaffen Luftballon hoch und fordert die Kinder auf, diesen Ballon nachzuahmen:
Alle Kinder liegen völlig entspannt auf dem Boden. In den Luftballon wird etwas Luft geblasen, er wird ein wenig größer und genauso ergeht es den Kindern. Bei immer mehr Luft werden sie größer und größer, wird aber wieder etwas Luft aus dem Ballon herausgelassen, so fällt nicht nur der Luftballon langsam in sich zusammen. Läßt die Übungsleiterin den dick aufgepusteten Ballon los, so zischt und flattert er umher.

Versteinern

Zur Musik laufen alle Kinder durch die Halle. Es wird verabredet, daß man immer dann, wenn man keine Musik mehr hört (Musikstop), genau in der Position „versteinert", in der man sich gerade befindet.
Die Übungsleiterin überprüft, wie hart und unbeweglich die Steine sind.

Spiele zur Förderung der Körperwahrnehmung

Das Überraschungsbrötchen

Die Kinder spielen paarweise zusammen. Ein Kind liegt auf dem Bauch, das andere kniet neben ihm und „belegt ein Brötchen".
Die Übungsleiterin bittet die Kinder, Vorschläge zu machen, womit das Brötchen bestrichen und hergerichtet werden soll. Alle Kinder belegen das Brötchen mit den gleichen Zutaten. Später können die Kinder ihrer Phantasie freien Lauf lassen, jedes Paar kann für sich sein individuelles Brötchen zubereiten.
Zum Abschluß legt sich dann der Brötchenbeleger als Deckel obenauf.
Anschließend Rollentausch!

Wir kaufen uns ein Tier

An einer kindgerecht verpackten Körpermassage haben auch die 3-7jährigen Freude. Die Übungsleiterin sorgt für Stille und versucht, nach Möglichkeit alle störenden Faktoren auszuschalten. Sie erzählt die nachfolgende Geschichte mit ruhiger Stimme, die Kinder setzen sie nach ihren eigenen Vorstellungen mit ihren Händen auf dem Rücken eines Partners um:
„Schon lange haben wir uns ein Hautier gewünscht, aber eigentlich haben wir nie so richtig gewußt, welches Tier es denn sein soll. Als wir uns eines Tages auf den Weg in die Tierhandlung machten, waren wir fest davon überzeugt, daß wir dort schon das Richtige finden würden.
Im Geschäft angekommen, sind wir herumgewandert und haben uns erst einmal alle Tiere in ihren Käfigen angesehen.
Da gab es Fische, die ruhig in ihrem Aquarium herumschwammen,...
Schildkröten, die sich nur ganz, ganz langsam vorwärtsbewegten,...
kleine putzige Äffchen, die überall herumturnten...
...und winzige Zwergkaninchen. Sie kuschelten sich ganz dicht aneinander und waren so klein, daß sie in eine Kinderhand paßten.
Puh, da war es schwer, sich zu entscheiden! Wir haben uns dann entschlossen, es mit einem kleinen Vogel zu versuchen. Es war ein Wellensittich, blau-weißgefiedert und sehr, sehr zahm. Wir nannten ihn Maxi und auf dem Heimweg ist Maxi mit seinen kleinen Füßen munter vor uns hergehüpft.

Zu Hause kam er in einen schönen, großen Vogelkäfig, dessen Boden wir mit ganz feinem Sand ausstreuten.

Schon bald stellte sich heraus, daß Maxi viel Spaß daran hatte, wenn er den Sand aus dem Käfig scharrte und ihn überall verstreute.

Maxi war wohl sehr schlau. Als wir am nächsten Morgen an den Käfig kamen, war er leer. Der Vogel hatte die Tür mit dem Schnabel geöffnet und war durch das offene Fenster davongeflogen.

Daß wir darüber traurig waren, könnt ihr euch sicher vorstellen. Mami hat uns getröstet und gesagt, daß Maxi bestimmt von einem anderen Kind gefunden und aufgenommen wird. Eine Zeitlang haben wir noch überall nach ihm gesucht, es aber dann schließlich aufgegeben.

Traurig und niedergeschlagen schlichen wir zu Hause herum, bis Mami mit uns wieder zu unserer Tierhandlung ging, um ein neues Tier zu kaufen.

„Kein Problem", sagte der Verkäufer, „suchen Sie sich ein anderes Tier aus." Wir schauten uns um und entdeckten einen großen, dicken Hund, der ganz gemütlich in seinem Korb lag und uns mit seinen treuen Augen anschaute. Wer konnte diesen dunklen Augen schon widerstehen?

„Den nehmen wir", sagten wir, „Bello ist muschelig und kuschelig und bestimmt nicht so treulos wie der Wellensittich" und bezahlten an der Kasse.

Bello ließ sich gutmütig an die Leine nehmen und tapste auf dem Heimweg brav neben uns her.

Er war ein richtiger Schmusebär. Er konnte sich ganz leise anschleichen...

...legte sich dann mit seinem ganzen Gewicht auf unseren Rücken ....

und stupste uns dann mit seiner nassen Schnauze an, als wollte er sagen: „Komm, tob' doch ein bißchen mit mir."

Was war das eine Freude, wenn wir mit ihm ausgelassen spielten! Da ging die Post ab! Bello sprang mit großen Sätzen in der Gegend herum und zeigte uns voller Freude seine Kunststückchen.

Wir wühlten am liebsten mit beiden Händen in seinem zotteligen Fell und kraulten ihn am Hals.

Ihr merkt schon: Mit Bello haben wir das richtige Tier gefunden, er paßt zu uns und wir haben eine Menge Freude mit ihm. Beim nächsten Besuch in der Stadt werden wir kurz in die Tierhandlung gehen und dem Verkäufer erzählen, wie glücklich wir miteinander sind."

Besondere Aktionen
im Kleinkinderturnen

Über das Jahr verteilt gibt es eine Fülle von Anlässen, um zusammen mit den Kindern der Turngruppe, des Kindergartens oder der Grundschulklasse etwas Besonderes zu unternehmen. Traditionell findet fast überall ein Kinderkarneval und eine Weihnachtsfeier statt. Aber wir denken kaum noch darüber nach, warum diese Feiern durchgeführt werden.

Ob eine solche attraktive Aktion sportliche oder überfachliche Schwerpunkte hat, das spielt nur in zweiter Linie eine Rolle; das wichtigste ist, daß den Kindern hin und wieder solche besonderen Erlebnisse angeboten werden. Sie sind ein hervorragend geeignetes Mittel, um den Zusammenhalt einer Gruppe zu fördern und neue oder abseitsstehende Kinder zu integrieren. In einer Atmosphäre, die sich erheblich von einer normalen Turnstunde unterscheidet, können sich Unterrichtende und Kinder in völlig anderen Situationen kennenlernen. Bei einem Waldspaziergang, bei dem die Sinne zum Riechen, Hören und Fühlen die Hauptrolle spielen oder dem Drachenfest, bei dem geschnipselt, geklebt und geheftet wird, können neue Erlebniswelten erschlossen und neue Erfahrungen gesammelt werden. Da die Übungsleiterin, Erzieherin und Lehrerin sich auch als Anwältin der ihr anvertrauten Kinder verstehen sollte, kann sie ihnen durch solche Aktionen den Erlebnisraum erweitern und Impulse geben, die bis in die Familien ausstrahlen.

Natürlich geht das nicht ohne Hilfe! Ob man helfende Hände bei Freunden oder Kollegen sucht, oder ob man die Eltern zu einer besonderen Veranstaltung einlädt und sie in die Vorbereitung einbindet, hängt entscheidend davon ab, was man mit der Aktion erreichen will. Sicherlich wird man nicht gerade die Eltern bitten mitzuhelfen, wenn man den Ablöseprozeß und das Selbständigwerden der Kinder fördern will. Manchmal würde man aber als Übungsleiterin gern einmal mit den Eltern in aller Ruhe sprechen, die mit kleinen Nadelstichen immer wieder Ergebnisse abfragen. „Wann lernen denn die Kinder ein Rad, können Sie nicht einmal den Aufschwung durchnehmen?" Schafft man es nicht, die Eltern zu einem Informationsabend einzuladen, bei dem man das eigene Verständnis von Kleinkinderturnen darlegen und begründen kann, so bietet sich vielleicht bei der gemeinsamen Vorbereitung für ein Spielfest eine solche Möglichkeit.

Aber nicht nur Erwachsene können helfen, auch die Kinder unserer Gruppe können beispielsweise durch selbstgemalte Bilder oder gebastelte Figuren die Dekoration der Turnhalle bei einem „Tag der offenen Tür" übernehmen.

Nachfolgende praktische Beispiele für besondere Aktionen sollen Lust darauf machen, schon bald ein solches besonderes Erlebnis für die Kinder zu planen und durchzuführen.

Mit allen Sinnen erleben

Aufgabenwanderung in den Wald
(Idee: Isolde Helmrich-Freude)

Nicht überall befindet sich ein Wald direkt vor der Haustür; aber gerade dort, wo er nicht zum täglichen Lebensraum der Kinder gehört, ist diese Aktion besonders attraktiv. Die einprägsamen und einmaligen Erlebnisse, die die Kinder während dieses Spaziergangs mit Aufgaben haben, sind es schon wert, daß man sich ein wenig bemüht und organisatorische Schwierigkeiten überwindet.

Neben dem Gemeinschaftserlebnis ist der Schwerpunkt dieses Waldspaziergangs, den Kindern eine Gelegenheit zu schaffen, den Naturraum Wald bewußt zu erfahren und mit ihren Sinnen in sich aufzunehmen.

Ein wenig Vorbereitung gehört natürlich auch dazu:

• Eine geeignete Strecke, die sich an den vorgegebenen Waldwegen orientiert, die kurzen Beine der Kinder nicht überfordert und die Lösung der gestellten Aufgaben in einem zeitlich vertretbaren Rahmen ermöglicht, muß ausgesucht werden.
• Aus farbigem Papier ausgeschnittene Richtungspfeile werden als Wegweiser angebracht. Sie helfen, die Motivation, Neugier und Spannung zu erhalten und führen von einer Aufgabenkarte zur nächsten.
• Die Aufgabenkarten werden erst abgenommen und vorgelesen, wenn die gesamte Gruppe versammelt ist.

- Der Weg durch den Wald wird erst dann fortgesetzt, wenn alle Kinder die Aufgabe gelöst haben.
- Am Wegrand liegende Baumstämme, große Steine, Gräben, Schranken usw. können von den Kindern zum Klettern, Springen, Turnen und Balancieren genutzt werden.

Die nachfolgenden Aufgaben sind Vorschläge, von denen je nach Beschaffenheit des Geländes und der zur Verfügung stehenden Zeit eine Auswahl getroffen werden kann. Bei der Zusammenstellung sollte allerdings darauf geachtet werden, daß alle Sinne angesprochen werden.

Aufgaben:	**Anmerkungen für die Übungsleiterin**
„Seid einmal ganz leise und horcht! - Welche Geräusche hört Ihr?"	*Akustische Wahrnehmung der Geräusche, evtl. auch der Stille der Natur. (Bei Trockenheit auf den Boden legen und die Augen schließen)*
„Bleibt stehen und schaut euch um. Welche Farben könnt Ihr sehen?"	*Die vielfältigen Naturfarben wahrnehmen und bewußtmachen. (Beobachtungen beschreiben lassen und sammeln)*
„Sucht in der nahen Umgebung folgende Gegenstände und bringt sie mit, ohne etwas ab- oder auszureißen: - etwas Weiches - etwas Hartes - etwas Rundes - etwas, das ein Geräusch macht."	*Natürliche Gegenstände sehen, erkennen, anfassen und zuordnen (Materialerfahrung und taktile Wahrnehmung). Die Gegenstände können in Körben oder Tüten gesammelt und mitgenommen werden*
„Unter diesem Tuch liegen 5 Gegenstände, die Ihr hier in der Nähe auch finden könnt. Ich hebe das Tuch kurz hoch, schaut genau hin und versucht, euch alle Teile zu merken. Sucht gleiche Gegenstände."	*Neugierde wecken, Konzentration, Erinnerungsfähigkeit und Zuordnungsfähigkeit schulen. (Gegenstände wie z.B. Tannenzapfen, Eicheln, Moos, Blätter, Federn, Gräser werden von der Übungsleiterin auf dem Weg heimlich gesammelt.)*
„Meßt die Bäume, indem ihr sie umarmt! Könnt ihr sie allein in den Arm nehmen oder wieviel andere Kinderarme braucht ihr noch?"	*Größe und Dicke der Bäume einschätzen lernen, Bezug zur eigenen Körpergröße herstellen.*

152

„Geht zu zweit zusammen. Einer schließt die Augen, der zweite führt ihn vorsichtig zu einem Baum. Der „Blinde" soll den Baum ohne Worte kennenlernen.
Wie riecht er, wie fühlt sich die Rinde an, sind Zweige, Verwachsungen oder Moos am Baum?
Der Sehende führt den „Blinden" wieder zurück zur Ausgangsposition, dort öffnet er die Augen und versucht, seinen Baum wiederzufinden."

Vertrauen zum Partner entwickeln, Sensibilisierung der Geruchs- und Tastorgane, Orientierung.

(Auf Ruhe achten und auf verantwortungsbewußtes Führen hinweisen)

„Schnüffelt an unterschiedlichen Pflanzen: Gräsern, Tannennadel, Moosen. Wie riechen sie?"

Gerüche wahrnehmen und benennen.

„Nehmt eine Handvoll loser Erde und riecht daran.
Wie riecht sie, und was findet ihr alles in der Erde?"

Deutlich machen, daß Lebewesen auch unsichtbar in der Erde sind.
Hinweis auf Kleinstinsekten, Frage: Was passiert im Herbst, wenn die Blätter und Früchte auf die Erde fallen?

Während der gesamten Wanderung können von den Kindern „Schätze" des Waldes gesammelt und dann möglicherweise zum Abschluß zu einem Wald-Kunstwerk zusammengestellt oder -geklebt werden.

Weihnachtsbescherung für die Tiere in Wald oder Park

Spaziergang im Winter

Auf seinem Weg zu den Kindern ist der Weihnachtsmann auch in unserer Nähe vorbeigekommen, man konnte es daran sehen, daß im Wald (Park) hin und wieder an den Bäumen und Büschen einige Fusseln von seinem weißen Bart hängengeblieben sind. Und denkt euch nur, von meiner Freundin habe ich gestern erfahren, was dem Weihnachtsmann in unserem Wald (Park) passiert ist:

Er blieb an einem besonders stacheligen Ast hängen und hat dabei ein ziemlich großes Loch in den Sack mit den Geschenken gerissen. Leider hat er nichts davon gemerkt, denn er ist einfach weitergegangen.

Es dauerte gar nicht lange bis etwas aus dem Sack tröpfelte. Immer mehr Walnüsse und Haselnüsse fielen auf den Boden und kullerten über den Waldweg. So ein Pech! Aber da gab es auch jemanden, der sich über das Mißgeschick des Weihnachtsmanns freute. Auf einer dicken alten Eiche saß nämlich ein kleines Eichhörnchen. Es hatte das Malheur genau beobachtet und schon gespannt darauf gewartet, was wohl aus dem Sack herausfallen würde. Als es dann die ersten Nüsse auf dem Weg sah, war es außer sich vor Freude und machte sich sofort über die unverhoffte Mahlzeit her.

Bald kamen auch die anderen Tiere herbei und wollten etwas abhaben. Aber weder die Vögel noch die Hasen konnten die harten Schalen knacken und mußten zusehen, wie das Eichhörnchen alles allein aufaß.

Diese Geschichte brachte mich zum Nachdenken. Ja, wer deckt denn eigentlich den Gabentisch für die Tiere im Wald, wer schmückt ihnen einen Tannenbaum damit auch sie merken, daß Weihnachten ist?!

Die Kinder der Turngruppe tun das bestimmt sehr gern und wie man im Wald einen Baum für die Tiere schmücken kann, dazu fällt ihnen eine Menge ein:

Man kann...
• bunte Schleifen aus Geschenkbändern um die Äste binden
• ausgeschnittene Bildchen an bunten Wollfäden aufhängen
• kleine Wattebälle als Schneeflocken auf die Äste legen
• bunt bemalte kleine Blumentöpfe aufhängen, die mit Rindertalg und Sonnenblumenkernen gefüllt wurden
• ein paar Kekse zum Abknabbern an Fäden befestigen und anbringen
• einige kleine Äpfel aufhängen usw.

Die Kinder beschäftigen sich mit diesen Vorbereitungen schon einige Zeit vor dem Spaziergang, entweder allein oder in kleinen Gruppen bei hilfsbereiten Muttis.

Die Übungsleiterin hat dann nur noch die Aufgabe, einen geeigneten Baum auszusuchen, der groß genug ist, um viel weihnachtlichen Schmuck zu tragen aber so klein, daß die Kinder überall hinreichen können. Der Weg zu diesem Baum wird mit den verlorengegangenen Barthaaren (Watte) des Weihnachtsmannes markiert. Diese Watte wird während des Spazierganges eingesammelt und kann später als Baumschmuck verwendet werden.

Wenn der Baum dann festlich geschmückt ist, singen und tanzen wir um ihn herum und vielleicht, ja vielleicht kommt dann auch der Weihnachtsmann und hat trotz des Loches in seinem Sack noch für jeden eine kleine Überraschung.

Das Karussell

Ein Würfelspiel

Bekannte Turn- und Spielstationen werden durch neue Verpackungen wieder interessant. Das nachfolgend geschriebene Würfelspiel kann nicht nur aufs neue motivieren, sondern konfrontiert die Kinder auch mit neuen Spielregeln:

Die Kinder haben sich bei dem Gang über das Kirmesgelände einen bunten Luftballon gekauft, mit dem sie bereits spielen. Jetzt sind sie an dem Platz angekommen, auf dem die absolute Attraktion steht, nämlich ein großes Karussell. Wie nicht anders zu erwarten, herrscht vor dem Kassenhäuschen ein riesiger Andrang und nur nach und nach können alle Kinder, die mitfahren wollen, in das Karussell einsteigen.

Damit die Warterei nicht so langweilig wird, hat der Karussell-Besitzer einige Spielstationen aufgebaut, an denen sich die Kinder die Zeit vertreiben können. Aber auch an diesen Spielgeräten gibt es Spielregeln, die eingehalten werden müssen.

Etwa fünf kleine Spielstationen werden hintereinander aufgebaut. Je nach der Größe der Gruppe wird jede dieser fünf Stationen doppelt, drei- oder vierfach aufgestellt. An die Kinder werden Farbpunkte verteilt, die den sechs Farben des Farbwürfels rot, grün, gelb, blau, schwarz und lila entsprechen. Dadurch werden sie gewissermaßen zu lebenden Spielsteinen, die sich auf den Stationen vorwärtsbewegen. Ihr Ziel ist es, so schnell wie möglich in das Karussell zu kommen und sich möglichst lange dort aufzuhalten. Aber über die Geschwindigkeit des Vorwärtskommens entscheidet nur das Würfelglück.

Vor der ersten kleinen Spielstation beschäftigen sich die Kinder mit ihren Luftballons. Das Spiel beginnt:

Die Übungsleiterin würfelt für alle Kinder. Es beginnen oder rücken jeweils nur die Kinder um eine Spielstation vor, deren Farbe gewürfelt

wurde, und sie beschäftigen sich dort so lange nach ihren eigenen
Spiel- und Bewegungsideen, bis ihre Farbe wieder aufgerufen wird.
Beispiel: Zeigt der Würfel grün, so dürfen alle Kinder mit dem grünen
Punkt eine Station weitergehen und dort spielen, zeigt er blau, dann
wechseln die „blauen Kinder".

Wer das Karussell (einen Parcours aus größeren, attraktiveren Geräten) erreicht hat, darf dort so lange fahren (turnen und spielen) bis alle
Kinder angekommen sind. Gemeinsam fahren sie noch einige Runden,
dann klingelt der Karussellbesitzer und die ganze Bande muß aussteigen.
Wer noch einmal fahren will, stellt sich wieder an und beginnt von
vorn.

Abenteuer auf der Burg
Eine offene Turnstunde

Es gibt gute Gründe dafür, auch einmal die Kleinkinderturngruppe für Besucher oder Gäste zu öffnen.
Zum Beispiel weil:

- Die Eltern auch einmal miterleben wollen, wie ihre Kinder die Stunden im Kleinkinderturnen zubringen,
- die Kinder ihren Eltern nicht nur immer erzählen wollen, wie schön es im Kinderturnen ist, sondern es ihnen auch einmal zeigen möchten,
- unsere Kleinkinderturngruppe Nachwuchs braucht und wir die Kinder des nahegelegenen Kindergartens gern einmal zu einer Schnupperstunde in die Turnhalle einladen möchten...

Zwar soll diese Stunde ein wirklichkeitsnahes Bild unserer Arbeit mit den Kindern zeigen, aber ein bißchen flott aufbereitet darf diese besondere Turnstunde schon sein.
Zuerst einmal benötigen wir ein Motto, das uns einen roten Faden durch diese Turnstunde vorgibt. In diesem Beispiel schlagen wir vor, erlebnisreiche Abenteuer auf einer Burg zu bestehen.
Ausgestattet mit einer Grundrißskizze (Spielkarte) wählen die Kinder ihren Weg durch das Burggelände selbst. Jedes Kind kann dort beginnen, wo es möchte, dadurch wird vermieden, daß sich am Beginn lange Schlangen bilden, die anderen Stationen aber ungenutzt sind.

An jedem Bauwerk, das sie ausgiebig erkundet haben, erhalten sie ein „Burgsiegel" als Bestätigung. Dazu wird etwas Wachs auf die betreffende Stelle der Spielkarte getropft und der Daumen des Kindes oder der Übungsleiterin in das flüssige Wachs hineingedrückt.
Welche Bauwerke gibt es nun auf unserer Burg?

Eine Ziehbrücke über den Burggraben	Rollbrett und Seile zum Kreis geknotet um eine Reckstange oder einen Volleyballpfosten gelegt
Brücke zum Innenhof	Umgedrehte Bank auf Gymnastikstäben oder Bankende in Ringe eingehängt
Burgmauer	sehr hoher Kasten mit aufgelegten Medizinbällen, Aufstieghilfen
Burgverlies	Höhle aus Kästen /Pferd und Weichboden
Aussichtsturm	Sprossenwand oder Gitterleiter mit Fernrohren (Papprollen)
Labyrinth	Bänke und Kastenteile, kl. Kästen, mit Matten oder Fallschirm zugedeckt

Nachdem alle Kinder die Burg ausgiebig besichtigt und erobert haben, können gemeinsam kleine Ritterspiele durchgeführt werden:

Wer findet den Schatz?

Die Übungsleiterin versteckt heimlich im Burggelände zahlreiche Goldbarren (Bohnensäckchen), Goldtaler (beklebte Bierdeckel) wertvolle Ketten (Bleibänder oder Seile) usw. und fordert die Ritter auf, diese Schätze zu suchen.

Das Burgfest

Auf der Burg soll ein ganz besonderes Fest stattfinden. Dazu gehört natürlich auch eine festliche Dekoration. Die Übungsleiterin hält Zeitungspapier, Luftballons, bunte Kreppstreifen und farbiges Papier bereit, diese Utensilien werden von den Kindern überall an und auf den Geräten befestigt.
Anschließend bewegt sich die gesamte erlauchte Ritterschar samt Burgfräuleins durch das Burggelände. Dieser Umzug wird von feierlicher Musik begleitet.

Streitigkeiten bei den Rittersleuten

Die Ritter sind in Streit geraten. Sie haben sich in zwei Gruppen gespalten und „bekämpfen" sich heftig. Sie benutzen dazu Softbälle oder Luftballons, bewerfen sich damit gegenseitig und benutzen die Bauwerke der Burg, um sich dahinter in Deckung zu bringen.
Nach langem Kampf beschließt der Oberritter, daß das Burggelände dem Erdboden gleichgemacht und das Baumaterial „entsorgt" (aufgeräumt) wird.
Mit einem gemeinsamen Abschlußlied werden die nun heimatlosen Ritter in eine „ungewisse Zukunft" entlassen. Jedoch wird ihnen versprochen, daß sie in der nächsten Woche auf diesem Gelände wieder herzlich willkommen sind.

Der Rollbrett-Führerschein

Rollbretter haben eine magische Anziehungskraft auf alle Kinder. Es macht ja auch riesigen Spaß mit einem Brett durch die Halle zu sausen. Leider kommt es nur gar zu leicht zu Unfällen und Zusammenstößen, deshalb ist es wichtig, sich mit den Eigenwilligkeiten dieses Gerätes auseinanderzusetzen und zu lernen, verantwortungsbewußt damit umzugehen. Natürlich kann man vieles erklären und verbieten, kindgemäßer verpackt ist eine Unterweisung allerdings, wenn man daraus eine Führerscheinprüfung macht.

Wie bei den Großen so gehört auch hier zu jeder Führerscheinprüfung der theoretische Unterricht. Man wird mit den Geboten und Verboten vertraut gemacht und lernt, daß man im Umgang mit diesen schnellen Flitzern bestimmte Regeln einhalten muß.

1. Kein Rollbrett darf mutwillig unkontrolliert in die Gegend geschoben werden.
2. Niemand darf auf ein rollendes Brett aufsteigen oder aufspringen. Ein Rollbrett rollt im Gegensatz zum Skateboard nicht nur gerade aus, sondern dreht sich in alle Richtungen.
3. Für Kinder, vor allem wenn sie keine Vorerfahrungen mit dem Brett haben, gilt absolutes Stehverbot.

Auf unserem Test-Fahrgelände werden sechs Stationen aufgebaut, alle Teilnehmer erhalten ein Führerschein-Formular und versuchen, die gestellten Aufgaben nacheinander zu lösen.

Geprüft wird:

Umsichtiges Verhalten im Straßenverkehr
Reaktionsschnelles Bremsen
Fahren in der Spur
Drehen und Wenden
Rückwärtsfahren
Einparken

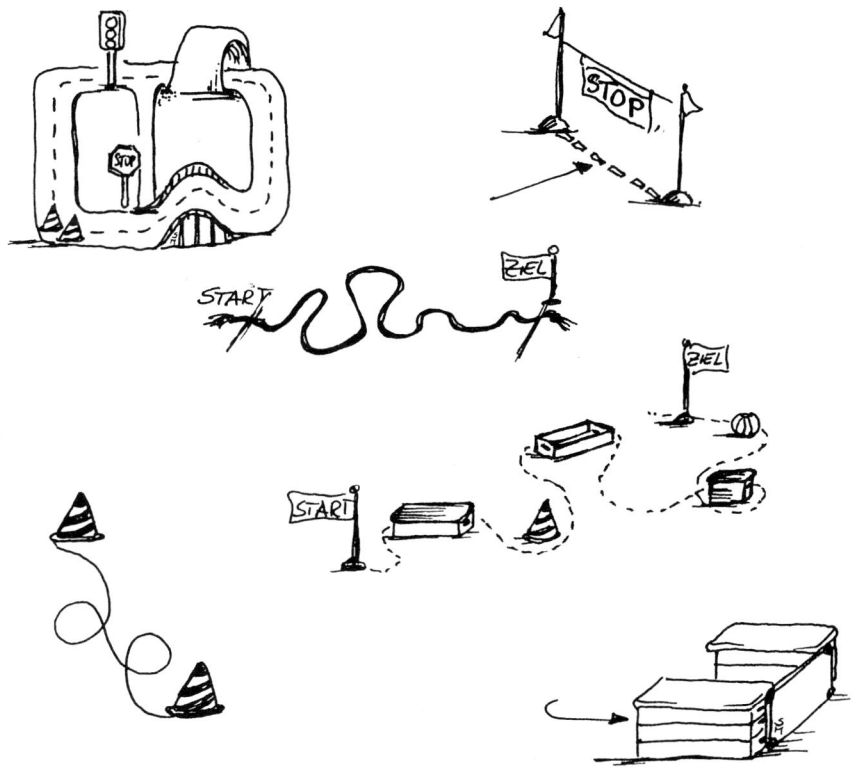

Sind alle Lektionen zufriedenstellend gelöst, erhält jeder Prüfling im Beisein der gesamten Gruppe einen gestempelten und unterschriebenen Flitzi-Führerschein, den er natürlich stolz mit nach Hause nimmt. Besonders attraktiv wird diese Verleihung, wenn es gelingt, einen „echten" Polizisten in Uniform zur Verteilung der Führerscheine zu gewinnen.

KINDERTURNEN ...

... ist Spielen
... ist Turnen an Geräten
... ist Turnen mit Geräten
... ist Tanzen und Singen
... ist Handgeräte neu erleben
... ist Turnen zum Mitnehmen
... ist im Wasser toben
... ist Basteln und Malen
... ist in Rollen schlüpfen
... ist gemeinsam etwas unternehmen
... ist Geschichten erfinden
... ist Spiel-Räume neu entdecken
... ist Gestalten.

... ist quicklebendig
... ist sportartenübergreifend
... ist abwechslungsreich
... ist kreativ
... ist attraktiv
... ist preiswert
... ist gesund
... ist spannend
... ist notwendig
... muß sein
... macht Spaß.

... übt Rücksichtnahme
... heißt Fairneß üben
... motiviert
... ist freiwillig
... macht Mut
... ist zwanglos
... fördert Selbständigkeit
... hilft Verantwortung übernehmen
... ist offen
... ist, sich selbst erleben
... schafft Gruppenerlebnisse
... stärkt Selbstvertrauen
... bringt neue Ideen
... schafft Vertrauen zu anderen
... ist Mitbestimmung
... schafft Freunde.

Literatur

BEERMANN, Marlies u.a.: Musik und Tanz, Spielkartei, Münster 1991.

DEUTSCHER TURNER-BUND (Hrsg.): Lehrplanband 6: Kinderturnen, München 1986.

DEUTSCHER TURNER-BUND: Übungsleiterausbildung Kinderturnen, Frankfurt 1991.

DEUTSCHE SPORTJUGEND: Bewegungserziehung für 0-6jährige, Frankfurt 1985.

DEUTSCHE SPORTJUGEND (Hrsg.): Bewegung, Spiel und Sport mit Kindern, Aachen 1990.

DEUTSCHE SPORTJUGEND (Hrsg.): Kinder brauchen Bewegung - brauchen Kinder Sport?, Aachen 1992.

DEUTSCHE TURNERJUGEND: Kleinkinderturnen ganz groß (Broschüre) ,Frankfurt 1993.

KRIMM-VON FISCHER, Catherine: Musikalisch-rhythmische Erziehung, Freiburg 1985.

LINDNER, H./STEIN, G.: Hier bewegt sich was. Praxisreihe, Neumünster 1989 ff.

LORENZ, K.H./STEIN, G.: Eltern-Kind-Turnen, Celle 1988.

PIAGET, Jean: Das Erwachen der Intelligenz beim Kinde, Stuttgart 1975.

SCHAFFNER, Karin: Bewegen, Spielen und Tanzen für Kinder von drei bis acht Jahren, Celle 1989.

SCHERLER, K.H.: Elementare Didaktik, Weinheim und Basel 1989.

SCHMIDTCHEN, S.: Kinderpsychotherapie, Stuttgart 1989.

SPORTJUGEND HESSEN (Hrsg.): Bewegung Kunterbunt, Frankfurt 1991.

STEIN, Gisela (u.a.): Sing mit mir... Spiel mit mir... Tanz mit mir. Bildungswerk des Landessportbundes NW (Hrsg.), Straelen 1984 ff.

STÜBING, Anne-Dorothea: Bewegung, Spiel und Sport mit Kindern, Braunschweig 1978.

VOGT, Ursula: Die Motorik der 3-6jährigen Kinder, Schorndorf 1978.

ZIMMER, Renate: Der Einfluß des Sports auf die Persönlichkeitsentwicklung bei Kindern im Vorschulalter, Dissertation 1980.

ZIMMER, Renate: Kreative Bewegungsspiele, Freiburg 1989.

ZIMMER, R./CLAUSMEYER, I./VOGES, L.: Tanz-Bewegung-Musik, Freiburg 1991.

Hinweis:

Eine spezielle Übersicht über Literatur und Arbeitshilfen zum Kleinkinderturnen kann von der Geschäftsstelle der Deutschen Turnerjugend, Otto-Fleck-Schneise 8, 60528 Frankfurt angefordert werden.

Gisela Stein
Kinder und Eltern turnen
Wo Sport Spaß macht

192 Seiten, 50 Geräte-Aufbau-
zeichnungen, 35 Illustrationen,
Liedtexte, Broschur, 14,8 x 21 cm
ISBN 3-89124-414-2
DM 29,80/SFr 27,70/ÖS 218,-

Zum Buch

Eltern und Kinder erleben Bewegung und Spiel im
fröhlichen Miteinander, die Eltern sind nicht länger nur
Hilfeleistende, sondern werden zu jeder Zeit aktiv in den
Stundenablauf integriert und an allen Handlungen und
Unterrichtsschritten beteiligt. Gerade im engagierten
Miteinander liegt die Besonderheit dieses Konzeptes, das
sich an die Ausbildungsrichtlinien der Deutschen Turnerjugend anlehnt und an den Bedürfnissen und Interessen
von Eltern und Kindern orientiert.

In einem knapp gefassten didaktischen Konzept wird das
Fundament für ein lebendiges und fröhliches Bewegungsangebot gelegt. Erstmals wird hier auch auf die besonderen Gegebenheiten und die damit einhergehenden differie-
renden Anforderungen an die ÜbungsleiterInnen einge-
gangen, die mit ein- bis zweijährigen Kindern und ihren
Eltern turnen.

Zum Eltern-Kind-Turnen gehören Lieder und Musik,
Fingerspiele und Bewegungsgeschichten, Alltagsmate-
rialien, Gerätelandschaften und vieles mehr.
Diese Vielfalt spiegelt sich im Praxisteil des Buches wider.

Zur Autorin

Gisela Stein ist als Lehrwartin und Referentin für Aus- und Fortbildungen in den Bereichen
Eltern-Kind-Turnen und Kleinkinderturnen tätig. Sie war maßgeblich beteiligt an der Entwicklung moderner Ausbildungskonzeptionen für diese beiden Zielgruppen und viele Jahre
Mitglied im Bundeskinderausschuss der Deutschen Turnerjugend. Mit ihrer Arbeit setzt sie sich
seit langem für ein qualifiziertes, abwechslungsreiches und phantasievolles Bewegungsangebot
für die Kinder im Vorschulalter ein.

MEYER & MEYER • DER SPORTVERLAG
Von-Coels-Str. 390 · 52080 Aachen · Hotline: 0180/ 5 10 11 15 · Fax: 0241/9 58 10 10
E-mail: verlag@meyer-meyer-sports.com · www.meyer-meyer-sports.com